SDGs大国
ニッポンになろう！

【目　次】

なぜ今
SDGsなのか？

SDGsとは？

　経済大国の世界第2位から第3位になったとはいえ、わが国は高度成長期には国を挙げての製造業大国となり、先進国がうらやむほどの評価を受けていた。

　また20世紀後半には観光大国を旗印に訪日客を増やして、今や「日本人：外国人」=「3：1」になるほどに、第2次産業から第3次産業国家へと、大国を目指して国威を拡大している。

　日本の魅力を表す言葉「おもてなし」が、東京オリンピック・パラリンピック招致で有名になり、訪日客増の起爆剤となった。

　世界で第10番目の人口約1億2千万人を擁する大国日本は、先進国間でも一目置かれる存在ではあるが、将来にわたって世界の国々をリードする大国へと成長する物理的・精神的な基盤ができているかというと、いささか心もとない。

　物理的な基盤は、AIその他科学的ハードウエアの進化を意味する。

　精神的な基盤は、やる気ソフトウエアの向上である。

　「おもてなし」は客に接遇する姿勢を意味するが、世界に誇る日本の文化を象徴する言葉であり、客だけでなく、人に接する全ての時に共通する姿勢だと考える。「おもてなし」には、思いやり・寛容・誠実・やさしさ・公正などが内包されている。

　SDGs[1] は2015年に始まり、2030年に**17項目の目標達成**を目指すもので、世界が将来発展し続ける土台をつくる、地球全体を巻き込ん

1）Sustainable Development Goals：持続可能な開発目標

での一大プロジェクトである。

　2030 年以降、日本は SDGs 大国としての地位と、影響力を持つことで、初めて平和な世界のリーダーに相応しい国となる。
　SDGs が始まって 5 年になるが、達成指数では日本は 2019 年時点で、第 15 位に甘んじている。
　SDGs17 目標が掲げる **「誰一人取り残さない」** と、日本文化を象徴する「おもてなし」の根底には、共通した概念 **"おもいやり"** がある。
　老若男女が多様性を重んじ、格差社会を是正する **"おもいやり"** を、国民が自分事として日常生活で発揮した暁には、SDGs17 目標を達成し、日本の SDGs 大国実現が可能になるだろう。

　SDGs の取り組み方を大別すると 2 つに分かれる。

　① SDGs 云々ではなく、個人的に社会的課題の解決に励む。例えば、使用電力の節約、食品廃棄量の最少化、古着寄付、地域清掃などの日常生活での改善努力がある。
　② SDGs を意識して、地域住民・日本国民の枠にとどまらず、世界的活動の一端として①に掲げるような諸活動を組織的に実践して社会的課題の解決に貢献する。

　本書では特に②に重点を置き、実行者への報奨として **SDGs Award** を推奨したいと思う。
　SDGs の価値が、2030 年までにさらに高くなり、SDGs Award が受賞者の社会的課題解決者として自覚を促し、他者への誘因を促

2）『SDSN＿持続可能な開発ソリューション・ネットワーク』

進すると信じている。

　国民は何らかの組織に属しているが、本書では全国の地方自治体と勤労者の４分の３を占める中小企業に焦点を当てた。

　SDGs大国を目指した行動指針である「自分事化」の事例を本書でも引用しているが、そのほとんどが企業や組織の実行例であり、個々人の実行例は限られている。
　ここに本書を世に出す意義がある。
　読者の皆様が本書を通じてご賛同いただけるなら、是非、一緒に立ち上がってほしい。新型コロナウイルス対応も、実はSDGs第３目標の「健康と福祉の充実」の枠の中で対応すれば、みんなの心が一つになり、2030年以降につながる感染症対策になると考える。
　この本により、読者の皆様が多くの社会的課題に対処する、「**自分事力＝課題に主体的に取り組む力**」を育んでくださることを期待してやまない。

　2019年末から"**第三次世界大戦**"と呼ばれるほどに世界中を巻き込んだ、新型コロナウイルスとの闘いが続いている。
　大国が中心となって、世界の覇権を争う政治・経済戦争が続く中、世界中を巻き込む新たな闘いが勃発した。闘う武器が準備できないまま、敵は数カ月で世界を席巻してしまった。
　収束を目指して外出禁止令、緊急事態宣言が発動される一方、ソーシャルディスタンス（社会的距離）や、**マスク装着**などで防戦を試みるも、敵は猛威を拡散し続けている。

いずれワクチンができて、インフルエンザの一つとして収束に向かうとの見方があるが、予断は許されない。経済は衰退し、多くの企業が倒産、個人生活も制約されて、見えない敵の攻撃を受ける「**惑星地球号**」は、74億の民を乗せて大混乱している。

　医療関係者が敵を撃退する弾を準備しつつ、迎撃にはやる一方で、後続部隊は経済基盤へのダメージを最小限にとどめるために奔走し、人々は来る鎮静化に向けて自粛生活を続けている。

　JAXA宇宙情報センターによれば、われわれが住む地球は、約46億年前に太陽の原始惑星系円盤の中で生まれた。誕生後の地球では、やがて人間の定住生活が始まり、部族間・国家間の覇権争い、新天地開拓や幾多の困難を乗り越えて、21世紀に入った。

　今でも世界の至るところで、宗教の違い、領土拡大などで戦いがやまない日常がある一方、文明が進み、刻々と自転・公転の営みを続けながら地球号の運航が続いている。

　大宇宙の中の太陽系の中の、一惑星にすぎない地球号だが、自然の営みを続ける一方で、英知を結集して多くの障害・試練を乗り越えてきた。

　そして21世紀に入った今、世界約200の国・地域がSDGs17目標に向かい、地球を守り、持続する社会の発展を目指している。目に見えない敵新型コロナウイルスに対してもワクチンが開発されて勝利することを信じながら。

この永きにわたって、宇宙のバランスの中で運航してきた惑星地球号に今、警鐘が鳴らされている。このまま化石燃料を中心とした社会が続き、大気汚染や温暖化が進み、格差社会が広まると、社会の進化が滞ってしまい、円滑に宇宙を運航できなくなるという。

　現在、多くの不都合が顕在化するようになってきた。
　例えば、世界ではたった0.14％の人たちが、世界全体の81.4％の金融資産を所持しているという衝撃的な統計がある。
　貨幣価値を追求した社会が生み出した格差は、大きな転換期を迎えている。

　世界共通の価値観にも大変革が起きている。
　16世紀に当時の先進国（フランス、イギリス、オランダ等）の間で主流だった**重商主義**が**貨幣経済**を浸透させ、その結果、20世紀までの長きにわたって開発途上国を支配して来た。
　ところが近年、**格差社会**が拡大し、**地球温暖化**が進み、生命が危機にさらされていることが世界共通の認識となった。
　そして今後の地球号の円滑な運航のためには、「格差を是正し、バランスの取れた、世界的規模での持続発展する社会こそが不可欠である」との合意に達した。

　IoT がこの世の情報網を整理・拡大し、即座に情報提供する今日は、世の中の動きが短期決戦的になりつつある。
　その一方で大切になるのが、中長期的な社会発展の展望であり、基盤となるのが、**「持続する成長」** であり、SDGs は、これからの「惑星

---

3) 『Credit Suisse Research Institute, Global Wealth Report 2015』
4) Internet of Things

SDGs 地球号」が存続するためには達成必達である。

　2030 年までに、国連加盟 193 ヵ国で取り組む開発目標は、従来の企業価値に対する考え方を覆した。

　従来の企業価値といえば、単眼的に貨幣ベースで測られていたが、SDGs が「誰一人残さない」ために、複眼的に、そしてバランスの取れた社会全体が、「持続して発展する必要がある」ことを唱道し、2015 年 9 月の国連総会にて、全加盟国総意の決議案として採択された。

　まさに惑星地球が存続し、さらに発展するために「惑星 SDGs 地球号」を永続させる包摂的運航を始めつつある。

　1945 年の第二次世界大戦後、世界は国連主導の下で開発途上国の発展に注力し、最貧状態を脱しつつある。そして 21 世紀に入り、先進国を含む、世界全体の価値観を変革する大改革に挑戦している。

　貨幣価値偏重が続くと、地球温暖化やその他の障害や暗礁などをレーダーで捉えて、「このままでは地球崩壊が避けられない」との共通認識を持つようになった。そして 2000 年から開発途上国を中心に方向転換し、2015 年からは先進国を含む「惑星 SDGs 地球号」が安全な運航を目指し始めるようになった。

　約 74 億人が生存する地球号の運航を円滑にするには、莫大なエネルギーを必要とするが、5 年を過ぎて、今やバランスの取れた価値観を共有するようになった。格差是正、クリーンエネルギー、生きがいのある社会を目指して運航を開始した。

日本では、今日の経済社会の核となって、その成長をけん引してきた「社団法人日本経済団体連合会」が、2006年3月22日に「企業価値の最大化に向けた経営戦略」を発表した。

　その中で「企業の価値は、企業が将来にわたり生み出すことを期待されている、付加価値の合計である。

　企業価値は、配当や株式売買で得られる『株主に帰属する価値』（株主価値）と、顧客従業員・地域社会など、『株主以外のステークホルダーに帰属する価値』の源泉である。企業価値の最大化こそ経営者の使命である」と定義している。

　そして、2015年には、経団連ビジョン「『豊かで活力ある日本』の再生」を公表し、2017年11月に企業行動憲章を改定、2030年に日本企業のあるべき姿を示した。

　その中で、「イノベーション」と「グローバリゼーション」への取り組みが、企業・経済界が果たすべき役割であることを掲げ、「SDGs こそがこれからの企業価値として重要である」と宣言して、会員企業の積極的な実行を要請している。

　内閣府が近未来を描いた「ソサイアティ 5.0」社会が始まっている。

　人類が共存を始めた「ソサイアティ 1.0：狩猟社会」、定住し始めた「ソサイアティ 2.0：農耕社会」、大量生産の「ソサイアティ 3.0：工業社会」、迅速な情報共有の「ソサイアティ 4.0：情報社会」に続く、新たな社会を指すもので、第5期科学技術基本計画においてわが国が目指す未来社会である。

　筆者がSDGsに出会ったのは 2016 年の春だった。

実業界で定年退職後、教育界に転じ、第2のキャリア展開途上、2016 年から4年間、常勤特任教員としてお世話になることになった武蔵野大学で「グローバルプロジェクト」という、大学3年生対象の必修科目を、他の5人の教員とオムニバス形式で担当した。

　同科目は、2年次にグローバル課題発見力を養い、3年次は実践力を育成するという、大学が力を入れる必修科目である。そして大学が創立100周年を前に、大学の新ステートメントとして「世界の幸せをカタチにする」をミッションとして掲げたタイミングだった。

　大所高所から発するメッセージとしては、学生・教職員の士気を鼓舞するのは間違いない。しかし、「一人の構成員である自分が何をすれば、大学に貢献できるのだろうか?」と考えていた。

　「組織で働くミッションは『貢献』することである」と Peter Drucker は説いているが、「貢献するためには何をすればいいのだろうか?」と考えていた時に出会ったのが、SDGs であった。

　全6人の教員で、2017 年4月にグローバルプロジェクトを立ち上げた。研究課題として掲げたテーマが、「SDGs を自分事化する」であった。一般的に社会課題を解決する活動を実践するのは、NPO、NGO などの組織・機関が主流であり、一般人が主体的に活動する認識が限られている。

　そこで、学生たちと一緒に、「自分たちが自分たちの課題として取り組む研究課題」を授業のテーマとした。

　約180人の学生を30グループに振り分けて、6人の教員が5グループずつを担当した。そして約半年間をかけて、授業の到達目標の「SDGs を自分事化する30の研究成果」を創出した。

その結果、学生相互評価と教員評価で、優秀グループを学長賞等で表彰することになったのだが、その経験が本著を書き下ろすきっかけとなった。

同大学の他学部・研究センターでも、SDGsを研究テーマとしていたが、その後、大学の新ステートメントを実践するために立ち上がった研究センター「**武蔵野大学しあわせ研究所**」が主体となり、大学内活動を統合する動きが出てきた。

2019年3月20日の国際幸福デーで、西本照真学長の「SDGs実行宣言」があり、全学部で授業に取り入れる指針が発表されて、大学の本格的な取り組みが始まった。

授業では一般的にSDGsの掲げる17目標を、企業組織・機関・地域社会の一員として、それぞれの課題に取り組む当事者として実践するノウハウを、学生たちと共に学習研究している。

SDGsが始まって5年が経とうとしているが、社会的関心は高まり、経団連加盟の多くの企業で取り組みが実践されて、連日のように中央紙の企業全面広告・シンポジウム等で接する機会が増えてきている。

2020年5月第3週には、「**日経SDGsフェス**」が開催された。連日、コロナ感染を避けて、無観客のWebライブ中継となったが、

官公庁、一般企業、教育界から多士多才なスピーカーが登壇し、熱心に議論して、SDGs社会の到来を確認した。この催しは、その後も「秋の陣」「冬の陣」として継続開催されて活況を呈している。

　従来、企業は企業市民として社会的な課題を解決することに努力しているが、SDGsという傘ができたことによって、提供する商品・サービスのユーザーを巻き込みやすくなってきている。

　このように、企業が貨幣ベースを超えた複眼的な企業評価を求めて、社員一人ひとりが自分事として取り組む機運が高まれば、持続可能な世界の発展につながる。

　今後10年の間に、さらに多くの企業・機関でSDGsが実践されることを期待したい。

　SDGsの実行機運が盛り上がる中で、最小にして最大の力を発揮できる実行者である、国民一人ひとりのやる気が、今ひとつ盛り上がっていないように思う。

　「SDGsだけでなく、一般的に社会貢献している実感が湧かない」という意見がある。寄付をした場合の「使途と成果」が不透明であったり、災害救助の場合などはあくまでも一時的なもので、社会を変えるまでにはなっていない。

　これは多くの活動が「トップダウンで実行者に指示・命令される感」があり、「自分事として取り組む気概が欠けている」のが原因ではないだろうか。全員参加を目指す、ボトムアップによる実行を強化する必要がある。

　「SDGs17目標は、地方自治体や、一般企業で既に実行されている

ので、SDGsの冠を必要としない」という意見も多い。

　SDGsは「冠」ではなくて「横串」と考えてほしい。既存の活動は統合されているケースが少なく、一つひとつの活動が独立している。

　これらを**「SDGsという横串」**で一気通貫すると、パワーが増し最大の効果を期待できる。

　このような社会の大転換時に、企業や機関任せではなく、われわれ一般国民が主体的に行動するために、**キャリアデザインを再考する**ことが大切になってくる。

　ライフキャリアの概念は多くの解釈があるが、本書では**「キャリアレインボウ」**を提唱したドナルド・スーパー氏が定義する、「キャリアは、職業だけでなく余暇などを含む生きる上で必要な役割」と捉えている。

　筆者的解釈では、例えば一日24時間の過ごし方を大きく分類すると、「睡眠（休息）」「食事」「就業（就学）」「余暇」の4要素に分けられる。

　「就業（就学）」は、成果物の影響が大きいので、ややもすると24時間のエネルギーの大半を費やしているように考える。しかし、4要素は、どれが欠けても健全な心身の維持・成長に支障をきたす。

　支障をきたすと自律神経のバランスを崩し、心身の病が発症する。病を発症させないためには日頃の予防が大切になってくる。生活習慣の改善である。

　生活改善のために、「自分には何が不足していて、どのように改善して新しい習慣を身に付けるか」が大切になる。この不足部分を発見し、是正・改善するのがキャリアデザインである。

マラソンランナーが目標を達成するために、練習方法を試行錯誤しながら改善努力をするように、キャリア目標を達成するためには、現在の自分を強化する必要がある。

　今の自分に不足している部分に気づき、改善された新しい生活習慣で挑むときには、自律神経のバランスが保たれた、健全な生活が営まれる。

　ライフキャリアデザインという考え方が、耳新しい読者もいるかもしれないが、生涯年齢を×歳として、目が覚めてから寝るまでの時間を稼働時間と考えると、24時間から睡眠8時間を引いた「16時間×365日×年数」となる。

　人生100年時代の到来で、稼働時間は「16時間×365日×100年＝584,000時間」となり、想像を超える無限を思わせる時間となる。しかし限りはある。無限ではない。

　値が大きすぎるので少し細かく見ていくと、例えば20歳から60歳までの、いわゆる現役時代を40年間働くと、「一日10時間×250日×40年＝100,000時間」稼働することになる。

　定年退職後、80歳まで元気で過ごすことができれば、「一日16時間×365日×20年＝116,800時間」となり、現役時代を超える自由な稼働時間を得ることができる。

　さらに100歳までなら「16時間×365日×40年＝233,600時間」の自由時間を過ごすことになる。

　60歳までの現役時代は、残る自由時間量を考えると、まさに人生序盤戦といっても過言ではない。序盤戦に培った知見を基盤として、

60〜80歳の中盤戦を有意義に使いたい。

　どの数字も大きすぎて現実感が伝わってこない場合は、一日の稼働時間16時間をベースに考えると、「家事」「就業（就学）」「勉学」「余暇」の区分で、その1時間は貴重になってくる。

　「家事」ならば食事の準備、「仕事」ならば会議、「勉学」ならば読書・学習、「余暇」ならば趣味に費やす時間に当てはめると、多くのことが可能になる。

　5年を一つの区切りとすると「16時間×365日×5年＝29,200時間」となり、1年だと5,840時間である。

　立てる目標にもよるが、目標達成には十分な時間だといえるだろう。

　読者の年齢に合わせて稼働時間を捉えると、世代ごとに稼働時間の内容は変わってくる。

　定年を迎える60〜65歳になると、多くの自由時間ができる。

　後から来る世代のために、未来のための環境整備・改善に稼働時間を費やす時でもある。この世に生を受けて残る稼働時間をいかに過ごすかをあらかじめデザインしたいが、正確な残る稼働時間は誰も分からない。

　AI社会が進み、目まぐるしく社会が変化する時代だから、とりあえず生存期間予想と、社会進化予想がある程度可能な5年（29,200時間）の中期キャリア目標を立てたい。

　年間5,840時間と考えると、少し現実的な稼働時間になる。

　食事（準備片付け含む）3時間と、就業（就学）10時間を除いて、余暇の3時間に焦点を当てると、1,095時間が余暇稼働時間となる。

　「余暇＝自己管理可能時間」として、趣味・自己啓発・家族と過ごす

時間など割り振って、どのように使うかを考えてみよう。

　例えば、自己啓発の年間目標達成のための具体的スケジュールを立てるとする。

　自己啓発としてスタートアップを夢見て勉強するとしたら、一日平均3時間、毎日は無理だとしても、一週間に21時間は週末（土日）に集中して行うことで、一年後の資格試験等を目指す学習時間になる。

　生きていることを実感する時はどんな時だろう？

　おいしいものを食べた時だろうか？　危険な状態から脱出した時などだろうか？　本書では、「達成感を味わう時」と定義したいと思う。何かを成し遂げた時、例えば、登山で山頂に達した時に感じる高揚感である。自分の足で一歩一歩登り、身をもってその過程を体験する。この達成感こそが、課題を自分事化して、主体的に取り組んだときに味わう無償のキャリア資産となる。

　すなわちその後のキャリアのどこかで活かされる。

　一般的に就職（＝就社）して組織に身を置いている間は、歯車の一部として、懸命に歯車を回さなければならない。ところが、就職を本来の意味で、「職に就く」と考えるのがキャリアデザインである。

　今後の社会変化を予見し、スキルを身に付け、変化に柔軟に対応していくことが必要になっている。時代変化のスピードはとても速い。

　これから20年後、30年後はどんな社会になっているかの予想は現実的でない。だが、10年後の2030年は見えている。

持続発展する、「誰一人取り残さない社会」に向かって、世界が稼働し、「惑星 SDGs 地球号」が運航している。

　1961 年、ソビエト連邦の宇宙飛行士ユーリイ・ガガーリン少佐が、世界初の有人宇宙飛行として、ボストーク 1 号に単身搭乗し、**「地球は青かった」**と表現した。

　本書では、営々と宇宙を運航する青く美しい地球を、**「惑星 SDGs 地球号」**とした。今から約 60 年前のことだが、その青く輝く美しい姿が、これからも変わらないでほしいとの願いを込めている。

　「惑星 SDGs 地球号」が安全に幸せに運航を続けるためには、約 74 億人の住民一人ひとりが、どのような役割があるかを考えてほしい。

　そして本書を読み終えた後には、地球号の安全運航、さらには持続発展する運航のために自身の役割を創造してほしい。他人任せではなく、自分事として責任を持って、自ら実行に移してほしい。

　国民一人ひとりが、SDGs を自分事として主体的に実行する時、わが日本は経済大国から、「惑星 SDGs 地球号」を牽引する大国へと進化発展すると確信している。

【本書の目的】
①読者の皆様と共に SDGs を実行し、日本が SDGs 大国になるためのスイッチをオンする。
②SDGs 時代を共に生きる者として、今までのキャリアを検証し、キャリアシフトのスイッチをオンする。

第 1 章

SDGsを理解する

時代の潮の目を見抜く。

　SDGs の創成期は約半世紀遡ること 1972 年、ストックホルムで開催された、世界で初めての環境に関する国際会議「国際連合人間環境会議」とされている。世界 114 カ国・地域が参加して、環境悪化が人間に及ぼす脅威を議論し、「人間環境宣言」を採択した。同年、「国連環境計画」を創設し、国際協調による本格的な取り組みがスタートした。

　その後 1984 年に、「環境と開発に関する世界委員会」、1987 年に同委員会が発表した報告書「我ら共有の未来」で、SDGs のルーツとなる概念が誕生した。[1]

国連と MDGs

　国連は 2000 〜 2015 年にわたり、MDGs に取り組み、一定の成果を収めた。**MDGs** とは「Millennium Development Goals」の略称で、世界が社会の課題解決に取り組んだが、その対象は発展途上国であり、先進国の間ではその発展を支援する間接的な活動が中心であった。

　2015 年の国連では、次のような最終報告がされている。

　「MDGs アジェンダは、これまでの歴史で最も成功した貧困撲滅のための取り組みであった。2000 年から数々の開発地域で　多くの成功

1）出所：『SDGs 探求ワークブック』

を導いてきた。MDGsアジェンダの成功は、世界規模での取り組み
が機能していることを証明し、2015年以降に採択される開発目標の
基盤となっている」

　このMDGsを継承発展させたものがSDGsであり、先進国を含む
地球全体の持続的成長を促進する、「誰一人残さない」包摂的活動な
のである。

　目標設定には、3年をかけて世界約1000万人の人たちが オンライン
調査に参加した。世界の政府・国連・市民社会・企業・研究者・女性・
若者などが参加し、国連広報センター所長の根本かおる氏は、「**誰もが
参加でき、世界中の一人ひとりが主役となれる**[2]」と語った。

　国連の持続可能な開発ソリューション・ネットワーク（SDSN）が、
2019年6月に発表した、『**SDGsインデックス＆ダッシュボードレ
ポート**』によると、日本は昨年に続き15位であり、1～5位はデンマー
ク、スウェーデン、フィンランド、フランス、オーストリアの順で、18
位は韓国、35位はアメリカ、39位が中国であった。

　「17目標すべての達成に向けて、順調に進んでいる国はない」として
いて、ランキング上位の国でさえも、「目標12・つくる責任 つかう責任」
「目標13・気候変動に具体的な対策を」「目標14・海の豊かさを守ろ
う」「目標15・陸の豊かさも守ろう」に関しては、達成に向けた取り組
みが遅れていると指摘した。とりわけ、「目標14を達成している」と評
価された国は一つもなかった。

2）www.unic.or.jp/files/e530aa2b8e54dca3f48fd84004cf8297.pdf
　（2015年7月6日国連発）

MDGsの8項目の目標

　2010年2月に、アメリカの情報誌である『International Living 』が、「2010 Quality of Life Index」を発表した。

　これは、世界の193の国と地域の生活費、経済、治安、天候などの指標を採点してランキング化したものだが、「生活の質」の評価が高いほど、「住みやすい国」ということになっている[3]。

　1位は5年連続のフランスで、2位はオーストラリア、3位はスイス、アメリカ7位、日本36位、韓国42位、中国97位と続く。

　ここで、「日本が世界一」という指標はなかなか見つからない。日本は長寿大国としては世界一である（2009年度のデータではあるが、日本の人口は1億2千万人を超えて世界10位であった）。

　日本は戦後復興を成し遂げて、**GDP 世界2位**にまで発展した国である。その国を支える国民が、主体的にSDGs達成に動くようになれば、いずれかの指標で1位に駆け上がるのは不可能ではないだろう。SDGs大国になるころには、多くの社会課題を解決に向かわせるノウハウを蓄積し、名実共に世界をリードする国となるに違いない。

　SDGsに限らず、社会的活動を他人事と考えている間は、自身の主体的なアクションにはなりえない。「**誰一人残さない**」というのは自分も含むのである。

3）https://memorva.jp/ranking/world/il_quality_of_life_2010.php

「自分を含んだ全員が取り残されない」と考えると、自分が主体的に行動する必然性が現実的になってくるはずだ。

　MDGs 開発目標 8 項目と、その活動成果をもとに、「筆者だったらどのように行動するか？」という視点から、「他人事行動：従来の一般的な取り組み」を記す。
　SDGs 大国を目指すには、「周囲を巻き込む」ことが必要となる。したがって、第 4 章以降に著わした施策が伴わないと、世の片隅での慈善的行動の域にとどまることになってしまう。

【目標 1：極度の貧困と飢餓の撲滅】

　成果：1990 年には、開発途上国の半数に近い**絶対的貧困層**が一日 1.25 ドル以下で生活していたが、2015 年にはその割合が 14% にまで減少した。これは 10 億人以上の人々が、極度の貧困から脱却したことになる。そして開発途上地域における栄養不良の人々の割合は、1990 年からほぼ半分に減少した。

　総務省の「**家計調査**」のデータによると、わが国の 2016 年勤労者世帯のうち、2 人以上の世帯の消費支出は、1 ヵ月平均 309,591 円だった。これを一人一日当たりで計算すると約 5,160 円になる。開発途上国での 1.25 ドルは、1 ドル 110 円当時の換算で約 138 円で、単純計算では、日本人は約 37 人強の開発途上国の人たちの生活費を使っている

ことになる。

　この差を受け止めて、例えば 5,160 円の端数部分 160 円（＝約 3％）を節約する生活を心がけるのは、さほど難しいことではない。
しかしそれを途上国へ寄付すれば、一人分の生活に足りる額となる。

　ここで節約効果を「見える化」し、その変化を個人が実感できる流れが必要となってくる。

◎他人事行動：従来の一般的な取り組み

　生活費の無駄を少なくし、家計簿等に記録して改善する。改善分を、「機会費用」ならぬ、「機会収入」として、NPO 等を通じて開発途上国へ寄付する。

【目標２：普遍的な初等教育の達成】

　成果：2000 年から小学校の児童の就学率が著しく向上した。開発地域における小学校の純就学率は、2000 年の 83％ から 2015 年には 91％ まで達した。この目標は、サハラ以南のアフリカを除く全ての地域において達成間近である。開発途上地域の小学校就学率の最大の増加は、サハラ以南のアフリカで見られた。

　開発地域の初等教育向上となると、まず考えられるのは、政府からの公金による支援である。民間でできることとして、日本の童話をそれぞれの国に翻訳して供給することも選択肢の一つである。日本の文化を

紹介する意味でも効果があるだろう。

◎他人事行動：従来の一般的な取り組み
　ターゲット国に合いそうな童話の本を、本屋、フリーマーケット、友人、知人等などから探し求め、NPO 等を通じて寄付を実現する。自分自身の文化的知見を拡充しながら、ターゲット国の理解を深めることもできる。

【目標３：ジェンダーの平等の推進と女性の地位向上】

　成果：開発途上地域は、初等、中等、および高等教育で男女格差を解消したことで、「全ての開発途上地域は、初等、中等および高等教育における男女格差を撲滅する」という目標を達成した。1990 年の南アジアでは、100 人の男子に比較して、74 人の女子が小学校に通学していたが、今日では 100 人の男子と比較して 103 人の女子が通学している。過去 20 年において、174 カ国のほぼ 90％ の女性が政治に参加する基盤を得た。ところが、実際に社会的な地位を獲得しているかというと、例えば日本での女性議員の数は、わずかに約 10％ で、193 カ国の中では 158 位となり、先進国の中では最低レベルとなっている。[4]

◎他人事行動：従来の一般的な取り組み
　他人事と考えずに、女性地位向上の利点をよく考えて、まずはフォーラム等へ参加し、自分が関与している組織で具体的に貢献できる課題を

4）Women in international parliaments, IPU 2018 January

探索する。利点として多様性があるが、他部署で活躍する女性がいれば、その女性が自分の部署にいた場合の利点を考えてみる。

【目標4：幼児死亡率の引き下げ】

成果：予防可能な疾病による幼児死亡数の著しい低下は、人類史上で最も偉大な成果である。1990年代初頭以降、5歳未満の幼児死亡率改善のペースは、世界規模で3倍に加速している。世界における5歳未満の幼児死亡率は、1990年から2015年の間に生まれた1,000人あたりでは、90人から43人へと半分以下に減少した。また、「はしか」の予防接種では、2000年から2013年の間に1,560万人の死亡を防いだ。

◎他人事行動：従来の一般的な取り組み

幼児死亡率・原因に対する知見を深めて、寄付その他で自分にできることを探索する。DV等に関心を持ち、発生原因を減少させるためのNPO活動に参加するのも選択肢の一つ。心理学の知見も増える。

【目標5：妊産婦の健康状態の改善】

成果：妊産婦の健康状態に一定の改善が見られた。1990年以降、妊産婦の死亡率は45％減少した。これらの減少の多くは、2000年以降に起こっている。2014年には、世界の71％以上の出産は医療従事者の立ち会いの下に行われた。これは1990年の59％から目立った上

昇である。

◎他人事行動：従来の一般的な取り組み

　医療従事者の立ち会いが一定の成果を収めていることを鑑み、立ち会いを困難にしていた要因等を精査し、適した改善活動をする。身の周りに病んでいる妊産婦がいれば、できる限りの支援をする。

【目標6：HIV/エイズ・マラリア・その他の疫病の蔓延防止】

　成果：HIV感染者が、世界の多くの地域で減少した。HIVへの新たな感染は2000年から2013年の間で約40%低下し、感染者数も約350万人から210万人に減少した。2014年6月までに世界中で1360万人のHIV感染者が抗HIV療法を受けていたが、これは2003年の80万人から**飛躍的な進歩**である。抗レトロウイルス療法によって、1995年から2013年までの間に、760万人がHIVによる死から免れた。マラリアと結核のまん延が止まり、減少した。2000年から2015年の間に、620万人以上の人々がマラリアによる死を免れた。その多くが、サハラ以南のアフリカに住む5歳未満の子どもたちである。2004年から2014年までの間に、9億以上もの殺虫剤処理された蚊帳が、マラリアが風土病となっているサハラ以南のアフリカの国々に配布された。

　2000年から2013年の間に、結核の予防、診断、治療によって、約3,700万人の命が救われた。

◎他人事行動：従来の一般的な取り組み

　疫病の怖さの実態を学ぶ。学ぶ過程で、自分に何ができるかを考えて、募金・勉強会などに参加・協力する。

【目標7：環境の持続可能性の確保】

　成果：安全な飲み水と、オゾン層保護に関する目標を達成した。2015年には、世界人口の91%が改良された飲料水源を使用しており（1990年には76%）、目標は期限である2015年の5年前に達成されたことになる。　1990年以来、改良された飲料水へのアクセスを得た約26億人のうち、約19億人が水道水へのアクセスを得た。オゾン層破壊物質は1990年以来除去・消滅されており、オゾン層は今世紀半ばまでに回復すると見込まれている。

◎他人事行動：従来の一般的な取り組み

　定期的に自宅・学校・職場で身の周りの整理整頓を心掛け、自分には不必要な物であっても、再利用可能な物を寄付する。実行へ誘う書物としては、『人生がときめく片づけの魔法』（近藤麻理恵著）をお勧めする。アメリカの雑誌 TIME の「世界で最も影響力のある人100人」にも選ばれて、今や世界的に名をはせている彼女の片づけ哲学は、影響力が大きい。

【目標8：開発のためのグローバルパートナーシップの構築】

　成果：ODA[5]、携帯電話加入者数、インターネットの普及が世界的に進歩した。ODAが2000年から2014年の間に実質66%増加し、1,352億ドルに到達した。過去15年間（2000年から2015年）で携帯電話の契約数は、7億3800万から70億とほぼ10倍にまで増加した。

　インターネットの普及率は、2000年に世界人口の6%だったものが2015年には43%まで増加し、約32億人がグローバル・ネットワークとつながった。

◎他人事行動：従来の一般的な取り組み

　個人的につながりのある、国内外の仲間たちと情報交換するうちに、パートナーシップの中身が見えてくる。例えば、飢餓と飽食を解決に導くビジネスモデルができた「Table for two[6]」など、大いに啓発されるグローバルパートナーシップである。SNSその他で、多くのスタートアップ企業や考え方に出会うことが可能になり、何らかの側面支援を考える。

　このようなMDGsの成果をもとに、国連は参加対象国を先進国も（支援者ではなく）当事者として拡大し、加盟国193カ国全体で「誰一人として置き去りにしないための残された課題」をまとめ、新たに2030年までのSDGs目標を設定した。先進国を含む全世界を対象にしていて、193カ国の実践状況を17目標、169ターゲット、232指標を定期的に精査し、数量的評価をベースに具体的に成果を公表する、壮大な計画

---

5) Official Development Assistance：政府開発援助
6) https://jp.tablefor2.org/

である。

　最終的な達成の数字を惑星 SDGs 地球号の川の流れに例えてみると、個人や企業は川上から行動を起こして、誰一人取り残されない持続可能な新社会（＝川下）へ、そして惑星 SDGs 地球号の円滑な運航に欠かせない大海への流れとなる。

　SDGs2030 年という大海へ注ぎ込む 17 目標と、それぞれの目標の細分化された 169 ターゲット、232 指標へのアクションは上流へ遡る。

　それぞれの目標・ターゲットを管理するところが、実際には地方自治体であり、一般企業やその他組織・機関である。そして目標達成のために行動を起こすのがわれわれ国民一人ひとりである。

　自治体が、「○○ ％ の教育格差が改善した」とか、企業が「△△% の性差別を改善した」という成果を公表する背景には、川上にいるわれわれ一人ひとりの行動がなければ成果は出てこない。MDGs のように、「従来の一般的な取り組み」ではなく、**「自分事化して主体的に取り組む」**時が来たのだ。そして川が下流へと流れ、大海へ注ぐ過程で、自治体や企業が個々人の実践したことを評価し、活動を拡大するために進捗状況を公表するダムや堰をつくる必要がある。

　持続可能な 17 開発目標「公益財団法人 地球環境戦略研究機関 (IGES)」による仮訳をベースに編集された内容は、次の通りである。

目標1：	あらゆる場所のあらゆる形態の貧困を終わらせる。

目標1：　あらゆる場所のあらゆる形態の貧困を終わらせる。

目標2：　飢餓を終わらせ、食料安全保障及び栄養改善を実現し、持続可能な農業を促進する。

目標3：　あらゆる年齢の、全ての人々の健康的な生活を確保し、福祉を促進する。

目標4：　全ての人々への包摂的、かつ公正な質の高い教育を提供し、生涯学習の機会を促進する。

目標5：　ジェンダー平等を達成し、全ての女性及び女児の能力強化を行う。

目標6：　全ての人々の水と、衛生の利用可能性と、持続可能な管理を確保する 。

目標7：　全ての人々の、安価、かつ信頼できる持続可能な近代的エネルギーへのアクセスを確保する。

目標8：　包摂的、かつ持続可能な経済成長、及び全ての人々の完全かつ生産的な雇用と、働きがいのある人間らしい雇用（ディーセント・ワーク）を促進する。

目標9：　強靭（レジリエント）なインフラ構築、包摂的、かつ持続可能な産業化の促進、及びイノベーションの推進を図る。

目標10：　各国内、及び各国間の不平等を是正する。

目標11：　包摂的で安全、かつ強靭（レジリエント）で持続可能な都市、及び人間居住を実現する。

目標12：　持続可能な生産消費形態を確保する。

目標 13： 気候変動、及びその影響を軽減するための緊急対策を講じ
　　　　　る。[7]

目標 14： 持続可能な開発のために海洋・海洋資源を保全し、持続可
　　　　　能な形で利用する。

目標 15： 陸域生態系の保護、回復、持続可能な利用の推進、持続
　　　　　可能な森林の経営、砂漠化への対処、土地の劣化の阻止・
　　　　　回復及び生物多様性の損失を阻止する。

目標 16： 持続可能な開発のための、平和で包摂的な社会を促進し、
　　　　　全ての人々に司法へのアクセスを提供し、あらゆるレベルに
　　　　　おいて効果的で説明責任のある制度を構築する。

目標 17： 持続可能な開発のための実施手段を強化し、グローバル・
　　　　　パートナーシップを活性化する。

　SDGs 17目標と、169ターゲット、232指標は、社会課題解決の当事者として、主体的に行動を起こすときに考える切り口のヒントを与えてくれるので、参考にして深く考えて、身近な問題へと落とし込む必要がある。[8]

　以上の目標は、一見すると対象は他国であり、日本にはほとんど当てはまらないし、例え当てはまるとしても、ごく一部の自治体や企業の課題ではないかと思う人たちがいると思う。ところが現実は、経団連会員企業・教育界・自治体その他が行動を起こしているように、多くの目標

7）国連気候変動枠組条約（UNFCCC）が、気候変動への世界的対応について交渉を行う基本的な国際的、政府間対話の場。
8）https://sdgsjapan.com/sdgs17（出所：総務省）

が身近な問題から発生している。

　例えば「目標1：貧困」に関しては、世界経済第3位の日本には存在しないと考えるのも無理はない。しかし『悪化する日本の貧困率』[9]の記事では、次のように記されている。

「貧困率は、低所得者の割合を示す指標。厚生労働省が2014年7月にまとめた『国民生活基礎調査』によると、**等価可処分所得**[10]の中央値の半分の額に当たる貧困線（2012年は122万円）に満たない世帯の割合を示す**相対的貧困率**[11]は16.1％だった。これらの世帯で暮らす18歳未満の子どもを対象にした**子どもの貧困率**も16.3％となり、共に過去最悪を更新した」

　これは、日本人の約6人に1人が、相対的な貧困層に分類されることを意味する。この調査で生活意識が「苦しい」とした世帯は、59.9％だった。貧困率が過去最悪を更新したのは、長引くデフレ経済下で子育て世帯の所得が減少したことや、母子世帯が増加する中で働く母親の多くが給与水準の低い非正規雇用であることも影響したと分析されている。

　開発途上国の絶対的貧困層をテロに駆り立てる元凶こそ、**貧困**である。かつてのアルカイダの兵士が、インタビューに答えていた。

　「テロリストは、家族を抱え、貧困に苦しむ人たちに、『家族の生活を保障するから』と勧誘してきた。栄養失調になって路頭に迷い、

9）https://www.nippon.com/ja/features/h00072/2014.8.29
10）世帯の可処分所得（収入から税金.社会保険料などを除いたいわゆる手取り収入）を世帯人員の平方根で割って調整した所得。

死を迎えるなら、命を懸けて戦った方が、少なくとも家族は生き残ると考えるようになった」。

　筆者自身、仕事で中央アジアのタジキスタンの首都、ドゥシャンベを訪問するたびに、昼間から街をぶらぶらしている多くの若者を目にした。現地の人に聞くと、タジキスタンのGDPの3分の1以上をロシアへの出稼ぎ収入が占めているが、ロシアが経済制裁を受けているため、出稼ぎの機会が大幅に減少し、多くの若者が失職しているということであった。貧困がもたらす負の影響は大きい。

　17目標の具体的内容は、世界193ヵ国に違いはあるものの、全ての社会的課題を包括している。身の周りの課題を突き詰めていくと、17目標のいずれかに該当する。それぞれの国・地域に現存する社会的課題を、住民の力で解決努力することにより、2030年に193ヵ国全体の目標達成が可能になり、持続する社会を継続発展させていくことができる。

　国を挙げて17目標・169ターゲット・232指標達成に取り組もうとしている今、川上にいる住民一人ひとりが主体的に行動を起こす必要がある。

---

11) 一定基準（貧困線）を下回る等価可処分所得しか得ていない人の割合。厚労省はOECDの基準に基づき算定している。2012年の場合、所得が122万円未満の人の割合を指す。

第2章

惑星SDGs地球号の
運航状況を確認する

各界のSDGs取り組みを理解する。

　2030年の17目標達成に向けて世界が劇的に変わろうとしている中で、日本政府は2016年5月に、安倍首相（当時）が本部長、全閣僚で構成する「SDGs推進本部」を設けた。

SDGsの現在

　本部は行政・民間・NPO/NGOその他主要機関・人材を招聘し「SDGs推進円卓会議」を定期的に開催し、国を挙げてのSDGs実行を強化・推進している。同年7月には岸田外務大臣（当時）が、国連本部のSDGsフォーラムで演説し、子供若年層の教育・保健・格差是正などに取り組むために、2018年までに10億ドル規模の支援を約束した。

　さらに同年12月には、「SDGs実施指針ビジョン：持続可能で強靱、そして誰一人取り残さない、経済、社会、環境の統合的向上が実現された未来への先駆者を目指す」を発表した。
　以下が実施原則である。

1：普遍性（193 ヵ国が参加する）
2：包摂性（誰一人取り残さない）
3：参画型（すべてのステークホルダーが実行する）
4：統合性（経済・社会・環境の3価値を追求する）
5：透明性と説明責任（定期的に評価する）

　2019 年までを目処に、最初のフォローアップを実施し積極的に
リードしている。
　具体的には次の通り。

①あらゆる人の活躍の推進
②健康・長寿の達成
③成長市場の創出、地域活性化, 科学技術イノベーション
④持続可能で強靱な国土と質の高いインフラの整備
⑤省・再生可能エネルギー、気候変動対策, 循環型社会
⑥生物多様性、森林、海洋等の 環境の保全
⑦平和と安全・安心社会の実現
⑧SDGs 実施推進の体制と手段

　以上 8 項目の進捗状況フォローアップと合わせて、さらに踏み
込んだリーダーシップが期待される。

各界のSDGs推進状況

　2017年春から収集した実践事例をまとめてみた。
経済界で注目を集めているのは、急拡大する **ESG 投資** である。
ESG は ESGs の投資項目を総称する。
　E：Environment（環境） を表し、気候変動・森林破壊・生態系破壊・エネルギー資源効率化・水資源枯渇・人口動態などの領域をカバーする。
　S：Social（社会） を表し、顧客満足・従業員満足・サプライチェーンへの影響・政府や地域との関係・ダイバーシティなどをカバーする。
　G：Governance（企業統治） を表し、株主他ステークホルダーとの関係・取締役会の構成・役員報酬・会計基準・リスク管理・倫理 CSR 推進などをカバーする。

　投資とは企業の成長性に資金を投じることである。
「**環境・社会・統治**」といった、株式市場で財務数字に表れない企業の、「**見えない価値**」に対して、投資先を選ぶ。
「社会的価値を高めないと、企業の永続する繁栄はありえない」と判断する指標の象徴であり、企業が社会的課題を当事者として取り組む際の具体的項目となる。

　2018年、世界的規模の企業経営者らによる、「経済と気候に関

するグローバル委員会」は、「大胆な気候変動対策により、2030年までに約26兆ドル以上の経済的利益を生み出せる」との報告書を公表した。

6,500万人の新たな雇用や、大気汚染による70万人の早期死亡回避、炭素税などによる年間2兆8000億ドルの歳入増が見込めるという。実際、ESG投資は、2016年に約2500兆円超となっていて、2012年の2倍近くに増えている[1]。

企業の主体的取り組みを産業別に見てみよう。

今や国民のライフラインとなった、コンビニエンス業界における大きな課題の一つは、**食品ロス削減**だ。

2019年10月の「**食品ロス削減推進法施行**」を受けて、政府は翌年3月に、「**食品ロス削減推進に関する基本方針**」を発表、その中でフードバンクへの支援推進を呼びかけている。

フードバンク活動は、「食品の品質に問題はないが、賞味期限などで通常販売が困難な食品・食材」を食品メーカーなどから引き取り、福祉施設などへ無償提供するボランティア活動である。流通経済研究所によれば、日本には2019年の時点で116団体が活動しており、5年間で2倍以上増加している[2]。

だが、まだまだ知名度は限られている。

本来の意味で、バンクは貨幣の流通を想起させるが、このように

---

1) The Asahi Shimbun Globe March 2019 No.215
2) 日本経済新聞　2020年6月25日朝刊　経済教室

「余ったものを不足している所に融通する機能を象徴する言葉」として考える。

　SDGs目標達成のために、余剰物を不足地域へ動かす趣旨で、例えばSDGs第3目標の健康・福祉増進のために「**健康バンク**」、第4目標の質の高い教育推進のための「**教育バンク**」といった具合である。

　教育バンクには、知識・情報が再投資のために蓄積され、必要な地域・機関に再分配されるというプロセスになる。フードバンキングビジネス、健康バンキングビジネスなどの新定義・新業種こそ、SDGs時代到来を告知すると考える。

　さて、食品ロス問題の起源は、消費者の食の安全性を起点に、食品の賞味期限を設けたことに端を発する。賞味期限を過ぎた商品を食べると、健康に害がある可能性があるというのである。

　少しでも多くを店頭に並べてほしいメーカーと、安全な商品を販売したい小売店での間でせめぎあいがあり、B to Bで「3分の1ルール」ができた。

　食品流通業界で、食品の製造日から賞味期限までを3分割し、店舗納入期間は製造日から3分の1の時点まで、販売期間は賞味期限の3分の2の時点まで、残り3分の3までを消費期間とした。このことが食品流通を大きく変えることになり、メーカーの製造体制に変革を起こし、小売店では販売できない商品を廃棄するようになった。

食品ロス問題を、「自分事化」し、問題解決のためにメーカー・卸・小売業界で、**究極の食品ロスゼロ**を目指して、さまざまな取り組みが行われている。

　賞味期限内に消費者の口に入るようにするためには、お店にある商品が、製造後3分の2の期間以内に販売されなければならない。そのためには、適正製造・適正在庫・適正陳列などの適正化が求められる。店舗からの適正発注は、サプライチェーンに最大効果がある一方で、最大の難関でもある。

　消費者の購入量に対して発注量が多すぎると、陳列棚から除かれて廃棄ロスが発生する。賞味期限内商品の発注は、発注担当のスキルにかかっている。

　消費者購買量に対して、多くても少なくても駄目で、完璧な発注量はないにしても、近づけるために日々研鑽を重ねる必要がある。

■安売り野菜

食品ロス是正の企業の取り組み

[小売り業界]
セブン‐イレブン・ジャパン：サンドイッチ主力商品の賞味期限を3割延長。
イオン：プライベートブランド（PB）商品の一部で賞味期限を「年月」表示。

[食品業界]
キユーピー：マヨネーズの賞味期限を10カ月から12カ月に延長。
味の素：段階的に加工食品の一部で賞味期限を「年月」表示。

[飲料業界]
キリン・アサヒなど大手5社：2ℓペットボトル水の賞味期限表示を「年月」表示。
伊藤園：一部の飲料商品の賞味期限を「年月」表示。

　以上が企業のSDGs推進のための事例[3]だが、これを個人としての取り組みに落としてみよう。
　加工食品を購入時には、自分の消費頻度を考えて購入する。ややもすると賞味期限の長い商品を購入したい気持ちが働くが、そうすると、陳列されている商品の賞味期限が迫っている商品が売れなく

3）日本経済新聞　2018年3月20日　朝刊

なり、廃棄されざるを得なくなる。サプライチェーンを効率化するために消費者側で必要なことは、日用品の家庭在庫を適正化し、計画的な献立や、適量を消費する行動が大切になってくる。

　地球の**温暖化対策**が、社会問題となってから久しい。1997年に、京都で「**国連気候変動枠組条約第3回締約国会議（COP3）**」が開催されて、主要国の温暖化削減目標を数字化した。
　2015年12月12日に「**第21回気候変動枠組条約締約国会議（COP 21）**」が開催されたパリにて、気候変動抑制に関する多国間の国際的な協定（合意）が採択された一方で、アメリカが脱退表明をした。
　この対策は、科学技術の発達速度を緩めようとするもので、国威発揚を武器や科学技術の発展に依存する先進国にとっては、コミットするのが難しい問題となっている。
　この社会的課題に対して解決を推進する日本では実際にどのような企業活動が行われているのだろうか。

　WWF[4]は1962年に創設されて約100か国で活動している環境保全団体だが、2014年に、「電気機器に関連する日本企業50社が、実効性重視した温暖化対策をしたかどうか」を7つの指標で評価[5]している。
　1位のソニー以下、東芝・リコー・コニカミノルタ・富士通が47社中5位までに入っている。

4）World Wide Fund for Nature：世界自然保護基金

以上が企業の取り組みだが、先進国が発展途上国のSDGs活動による成果を、**クレジット購入**することも考えられる。現在すでに先進国が、CO_2削減等で行っていることの民間版である。海外子会社とのクレジット購入も可能だ。

　また、「**ふるさと納税**」手法を使い、電力量基準を設定して、基準を上回る企業群と、下回る企業群が、相互扶助の形で総消費量を段階的に削減する方法も考えられる。

　個人が取り組める温暖化対策はどんなことがあるだろうか？

　削減に関しては、日常生活で無駄な電力消費をしないことがある。電力会社から送られてくる消費電力量を参考にして、今の消費量を100として、快適さを変えないでどれほどの電力を節約できるかを数字で追ってみることはすぐにできる。
　一方で、新たな電力供給に関しては、ソーラーパネルを使った**太陽光発電**を自宅で起動させることが現実に始まっている。

---

5)　1 長期的なビジョン　2 削減量の単位　3 省エネルギー目標　4 再生可能エネルギー目標　5 総量削減目標の難易度　6 ライフサイクル全体での排出量把握・開示　7 第三者の評価

教育格差について

　文盲率からみれば、日本はほぼゼロに近いといわれている。

　しかし、教育水準で行くと、中学から高校への進学率は、1975年に90%を超えて、今や98%ほどに達していると予想されている。一方で大学進学率は、60%に届いていない。サラリーマンの平均賃金を比較したある調査では、大卒男子が年収約700万円に比べ、高卒男子では約500万円、女子では大卒が約450万円で、高卒が約300万円と格差が大きい。

　この教育格差の背景には、扶養する親の賃金格差や、国の地域格差が内包されている。

　教育格差打開の自分事化は、近年日本でも注目されるようになってきたリカレント教育[6]等を通じて、自己教育レベルを向上させたり、塾や家庭教師を行うなどして社会貢献することができる。人は生涯学び続ける生き物である。

　SDGs視点で中長期的教育の方向性を考えると、文科省には、SDGsを大学キャリア教育に採用していただきたいと思う。

　全国の大学で、今後の日本社会が目指す方向として指導することをお願いしたい。SDGsは文科省の学習指導要領に記載され、小学生には2020年、中学生には2021年から指導が義務付けられているが、大学で指導し、就活の中の大きな柱として、企業側から、エントリーシートや面接で、SDGs自分事化を説明・記入する義務を

6）生涯にわたって、教育と就労を交互に行うことを勧める教育システム

課すると、産学一体とした図式ができる。

　このことは、国を挙げての SDGs への取り組みとなるだけではなく、経済成長が踊り場に差し掛かっている、日本経済の中長期にわたる方向性を示すことになる。

貧困問題について

　ある機関の統計資料によれば、一分間に 20 人近くがこの世を去り、アフリカではその数が増加しているという。世界で一番多い死因は餓死だそうだ。

　国連を中心に多くの国際的機関が救いの手を差し伸べているが、飢餓人口が今日世界の大きな問題の一つとなっている。

　翻って日本ではどうか。相対的貧困という視点で捉えれば、貧困問題は日本でも深刻である。厚労省によると、2014 年 2 月時点で生活保護受給者数は 200 万人を超えて、全人口の 1.7％ にあたる。その数は 2000 年が最も低く、約 90 万人で 0.7％ だという。内訳をみると、高齢者（約 35％）、傷病者・障がい者（約 20％）、母子家庭（約 5％）、その他となっていて、高齢者を中心に貧困問題は加速している。

　少子高齢化が進む日本においては、社会制度改革で定年の延長や、高齢者でも働ける機会を作るなどといったことが検討されている。

貧困問題を身の周りで解決策を考えてみると、身近な地方自治体での就労支援対策を支援して参加することが考えられる。就労する気力づくりは産業カウンセラー等の資格保有者が担い、若い人は公民館などで AI の手ほどき教室を手伝うことなどができる。

　老人にとって日進月歩の AI の世界は、現実から離れていく要因になりつつある。AI というものにできるだけ若いうちからなじんでいくと、体力が落ちても生きる力、そして収入の道が開ける。

健康問題について

　2017 年 9 月、日本政府は 100 歳まで生きる社会を目指して、「人生 100 年時代構想会議」を立ち上げた。

　これは、安倍首相（当時）が議長になり、国内外有識者（『ライフシフト』の著者である、ロンドンビジネススクール教授のリンダ グラットンなど）を議員として立ち上げた会議である。

　この会議の主な検討テーマは、次の通り。

①全ての人に開かれた教育機会の確保、負担軽減、無償化、そして、何歳になっても学び直しができるリカレント教育の必要性。
②これらの課題に対応した高等教育改革、大学にしてもこれまでの若い学生を対象にした一般教養の提供では、社会のニーズに

応えられない。

③新卒一括採用だけでない企業の人材採用の多元化、そして多様
　な形の高齢者雇用が有能な人材確保のカギであり、企業にして
　もこれまでの新卒一括採用だけでは社会の変化についていけな
　い時代となってきた。

④これまでの若年者・学生、成人・勤労者、退職した高齢者とい
　う３つのステージを前提に、高齢者向け給付 が中心となって
　いる社会保障制度を全世代型社会保障へと改革していく。

　企業活動では、すでに多くの**ウエルネス企業・健康食品**が市場を
席巻していて、その規模は2020年には10兆円に達するといわれて
いる。

　私たちは生活習慣を変えて、心身共に健康体を維持しなければな
らない。昨日までの体力は、長寿を意識するというよりも、この世
に生まれて、親から受け継いだ遺伝子を鍛えて培ってきたものだ。
これからは、「身体のこの部分を鍛えたい」という動機づけを持ち、
生活習慣を変えることによって、長寿社会を生き抜くキャリアパ
ワーを醸成することが必要になる。

　例えば、左脳を鍛えるために、芸術的な趣味を持つとか、「右利
きの人が左手も使えるようにする」などといったことがある。

　自分で実践して、初めて他の人へ働き掛けることができる。この
時に「Before」「After」で、特に数値変化を忘れずに記録しておくと、

他の人の動機づけにも役立つだろう。

スキルの活用

　内閣府の第5期科学技術基本計画会が定義する現代社会は、ソサイアティ1.0狩猟、2.0農耕、3.0工業、4.0情報に次ぐ5.0で、IOTを駆使して外に発信する時代である。

　ソサイアティ5.0[7]の創造社会では、多くの産業でロボット化、機械化、省力化が進み、情報革命で投資コストが従来に比べて安くなる一方で、格段に便利な社会ができつつあり、多くの分野で起業が進んでいる。このような環境でAIの自分事化は、進化する情報社会の住人として、パソコンのユーザースキルを向上させる努力を怠らないことである。

　さらに向上したスキル活用で、社会課題の解決へ挑戦できる。

　例えばクラウドファンディングで起業して慈善事業の資金を集めたり、SNSで格差の現状を世界の人が認知するなどは、すでに広く行われていることである。

　現代、そしてこれからの社会だからこそ、個人として、社会課題の当事者として、関わり活躍する場が多く、また広くなってきている。

　米コロラド州出身のジェレミー・リフキン氏は、世界各国の政府のアドバイザーを務めた文明評論家で、『第3次産業革命』『限界費用ゼロ社会』などの多数の著書を著している。

---

7) 巻末付録1参照

日本経済新聞[8]に記載された彼の考えは、「19世紀以降、世界は2回の産業革命を経験してきた。1回目は19世紀でイギリス中心、2回目は20世紀前半にアメリカで起きた。今起きている第3次革命は、人類が地球温暖化や富の格差といった難問を克服していくうえで、大きな威力を発揮するだろう」
というものであった。

エネルギーの活用

　国際エネルギー機関（ＩＥＡ）の「世界エネルギー展望2016」では、エネルギー依存率を100とすると、1990年には「石油：石炭：ガス：再生エネルギー：原子力」の比率が、約「37：25：19：13：6」であったが、2030年には、約「29：25：22：18：6」になると予測されている。

　やがて枯渇する化石燃料を代表する「石油」「石炭」への依存が減少し、「水力を含む再生エネルギーが5ポイントも上昇する」と予測している。

　地球の温暖化を減速させ、再生エネルギー依存傾向が強まる社会の当事者として個人がなすべきことは、まずは**家庭内消費**、そして**仕事場での電力消費を節約**することである。

　日本でも電力自由化が始まっているが、**太陽光パネル**等を使っての家庭での電力創造・消費・売却の循環により、自立した電力使用

8）平成29年10月17日朝刊

者になることが考えられる。

　セブン‐イレブン・ジャパンは、2019年3月から、関東地方にある約2,800店の電気の契約を、東電系から北陸電力に順次切り替えた。企業が電力消費を自分事化し実践した例である。企業が方針転換するためには、会議を重ね、稟議を通して、最終決断をするのには、かなりのエネルギーと時間がかかったはずである。

　個人的には、今使っている電力会社から、いい条件の他社へ変更することは難しいことではない。ただ、それほど一般化していないので、手続きや将来性などを考えると、実行するのには躊躇するのではないか。
「電力をセーブすれば、いくらの費用が節約できるのか」という、家庭出費全体への影響を試算し、さらに変更することによる弊害等がないかを検討する必要がある。
　そこには家計費全体の把握と、損益計算書が必要になってくる。企業の損益計算書作成と同様に、簿記の概念を活用して管理運営できないと、家計費の自分事化は始まらないかもしれない。

■家庭の太陽光パネル発電

地方自治体・スポーツ界・その他の SDGs への取り組み

　経団連を中心に、大企業の間では、SDGs がかなりの浸透を見せているが、中小企業に至ってはその影響力が限られているようだ。大企業には、以前から広報活動が根付いているので、これまでの活動を SDGs に置き換えることにより、IR 活動を通じて社会に訴求することができる。ところが、中小企業はそこまでの人的・時間的余裕がなく、ミクロ的な視点が重きを占めている。

　社業の確かな発展を目指すために、SDGs に注目し、中長期視点にも重きを置いた経営が求められている。

　国家的取り組みを推進するにあたり、大切なのが地方自治体だ。政府が 2011 年に開始した、「国際戦略総合特区」「地域活性化総合特区」によって、26 区を指定し、その後、2012 年に第 2 次として 6 区、さらに 2013 年に第 3 次として 5 区、第 4 次として 4 区が指定された。

　中でも、北九州市 SDGs 未来都市の動きが注目される。

　取り組み事例として、国際的には、「公害克服経験」や、「環境・エネルギー技術」でアジア諸国とつながり、国内的には、市民力の再構築を目指して、「地域自治会」「幼稚園での親子イベント」「子供の居場所づくり」「環境企業の支援」「大学と組んでの耕作放棄地の活性化」などに取り組んでいる。

このような市を挙げての取り組みは、市民全体の社会問題解決の当事者としての意識を高め、自分事化を推進することにつながっている。

　地方自治体が、「**健康ポイント**」事業を導入し始めている。健康寿命の増進や、医療費を抑えるのが目的であるが、例えば、健康診断を受けたり、運動をしたりすることでポイントがもらえて、地元商店街での**割引券**に交換できる制度がある。

　スマートウエルネスシティ地域活性化総合特別区域協議会メンバーとみずほ銀行、筑波大学、つくばウエルネスリサーチと6市が[9]、2014年12月から3年かけて実証しているのが、SDGsの**産官学の自分事化**である。

　健康ポイント蓄積と、家計への恩恵こそがSDGs個人活動の自分事化であり、健康改善の実績を記録して、地域の医療費との相関関係で効果が実証されれば、SDGs第3目標「すべての人に健康を」の大きな動きへと発展するだろう。

　政府は、「地方創生を深化させていくためには、中長期を見通した持続可能なまちづくりに取り組むことが重要である」との認識から、地方公共団体によるSDGsの達成に向けた取り組みは、地方創生の実現に資するものであり、その取り組みの推進に向けて、地方創生分野における日本の「SDGsモデル」の構築を進めている。

---

9) 千葉県浦安市、岡山県岡山市、福島県伊達市、栃木県大田原市、大阪府高石市、新潟県見附市

2018年6月、政府は、地方公共団体によるSDGsの達成に向けた優れた取り組みを提案した29都市を、「**SDGs未来都市**」に選定した。また、その中で、特に先導的な取組10事業を「**自治体SDGsモデル事業**」として選定し、これらの取り組みを支援するとともに、成功事例の普及展開等を行い、地方創生の深化につなげていこうとしている。

　ニセコ町は、全会議を公開し、住民主体で住民が当事者になり、自分事として財政民主主義を推進してきた。町民が自主的に資金を出し合って、観光協会を株式会社化している。
　約20年前から、町民が海外への観光宣伝をしてきた結果、北海道では札幌に次いで、多くの海外からの観光客宿泊数が増えて、人口も増加している。

　内閣府地方創生推進室によれば、SDGsに取り組む地方自治体の割合は、2019年度末で13%、241団体にとどまっているが、2020年度末には30%、2024年度末には60%を目指している。要件としては、次のことを満たす必要がある。

①SDGsを取り入れた政策目標と各種計画への反映
②推進組織の設置
③ステークホルダー(SDGsが関係する全ての人・団体)との連携

---

10)　毎年約30都市を選定し、2020年までで合計93都市。

具体的には、「SDGs 未来都市選定数：累計 210 都市」「官民連携マッチング件数：累計 1,000 件」「地方創生 SDGs 金融に取り組む自治体：累計 100 団体」となっている。

　また、2020 年度には民間企業も対象にした、登録・認証制度のガイドラインを策定し、表彰制度を創設することになっている。

　2019 年 6 月に**G20 大阪サミット**、8 月に**第 7 回アフリカ開発会議**、9 月にニューヨークで**首脳級政治フォーラム**など、SDGs をテーマとする国際会議が増加していて、2020 年**東京オリンピック・パラリンピック**、2025 年**大阪・関西万博**は、SDGs の国際的イベントとして期待されている。

　オリンピック・パラリンピックと SDGs との連携に関しては、次のような狙いがあるとされている。

- 国連はスポーツと SDGs について密接な関係がある。
- SDGs は「開発と平和のためのスポーツ」という分野を含め、全世界で開発に向けたグローバルな行動を鼓舞する独自の機会。
- 東京 2020 オリンピック・パラリンピックは、持続可能な形での大会運営の確保、SDGs の達成に寄与する。[11]
  そして、国際オリンピック委員会（IOC）は、2014 年に「**IOC オリピック・アジェンダ 2020**」で、五輪競技大会に持続可能性を導入することを明記した。
- 東京 2020 オリンピック・パラリンピックでは、持続可能性コンセプ

11）国連広報センター「スポーツと持続可能な開発（SDGs）」、2016/ 国連広報センター「国連総会、東京 2020 開催中のオリンピック停戦を全加盟国に呼びかけ」、2019

トが設けられている。

- 「男女の差別」「所得の格差」「人種差別」「再生エネルギーの活用」「施設の再利用による資源の有効活用」「パートナーシップによる大会づくり」などのテーマを定めている。
- テーマごとに目標を定め、具体的な取り組みが進められている[12]。

　東京オリンピック・パラリンピックに関係する、全てのステークホルダー（関係する人・団体等）の立ち位置によって、SDGs17の、どの目標に優先順位を置くかは違ってくる。

　「パートナーシップによる大会づくり」は、全員が優先順位No.1だが、審判は「人種差別」に特に配慮する必要がある。「SDGsを自分事として主体的に実行する」という意味において、種目別や運営の立場別にスローガンを決めて、達成度の優劣を競い表彰すると、さらにSDGsへの関心が高まる。

　例えば、大会中に、「パートナーシップおもてなし」で、ボランティアの活動ぶりを選手が評価し、1〜5点で採点してもらう。

　代表的な質問項目としては、
①案内が丁寧で競技に集中できた。
②不測の事態発生の時も、迅速・丁寧に対応していた。
などの得点を集計し、優劣を決めて表彰する。

12）公益財団法人東京オリンピック・パラリンピック競技大会組織委員会「持続可能性」

東京五輪組織委員会は、Be better, together　（より良い未来へ、ともに進もう）がスローガンの下で、SDGs 第12目標に合致して、「持続可能な社会実現へ向けて課題解決のモデル」として、運営・調達のルールを世界へ示す。

　例えば、水産物の調達コードを決めて、公共調達をすることで、五輪後も持続可能な消費・生産に向けた取り組みを拡大することができるだろう。

　あまり知られていないが、オリンピック・パラリンピック開催に合わせて、文化の祭典も計画されており、文化プログラムを全国約20万カ所で開催予定になっている。

　コロナ禍で、2020年のオリンピック・パラリンピックは2021年へと延期されているが、開催と合わせてSDGsへの関心がさらに高まり、2030年の到達目標を達成すべく、創造力を発揮し、自分事として主体的に取り組むことが望まれる。

さらに大阪・関西万博の開催目的として、次のようなことが挙げられている。

「地球規模のさまざまな課題に取り組むために、世界各地から英知を集める場所です。大阪・関西万博は、2015年9月の**国連持続可能な開発サミット**において、持続可能な開発目標として17の目標を掲げたSDGsが達成された社会を目指すために開催いたします。

SDGs（持続可能な開発目標）達成の目標年である2030年まで残り5年となる2025年は、実現に向けた取り組みを加速するのに極めて重要な年です」[13]

　万博でも、オリンピック・パラリンピック同様の「SDGs 貢献度」を評価して、万博との連帯感をアピールし、SDGs告知拡大・実行機会の拡大を図ることができる。
　このような連携を考えて実行していくことが、2030年のSDGs達成の大きな力となるのであり、SDGsを自分事として捉えて、あらゆる機会に実行していくことが大切なのである。

13）一般社団法人 2025 日本国際万国博覧会協会

第3章

SDGsを自分事化する

SDGsを実行するのは誰かを考える。

　物事に対処する時に、**自分事**とする考え方と、**他人事**とする考え方の2種類がある。

　自分事の主体者は自分だが、他人事の主体者は他人である。

　他人事の場合は、「われ関知せず」だが、たとえ関知しても特に行動は伴わない。行動が伴わないと何も起こらない。石を投げないと池の水面に波紋は起こらない。小さな石でも投げれば波紋ができる。石を投げた実感がある。事を起こした自覚がある。

自分事と他人事

　社会問題を解決するために、ボランティア活動が盛んになってきた。

　「自分が災難に遭ったら……」と思い、現場に駆けつけ、災害復旧に尽力したり、寄付をする。

　NPO団体が寄付を求めて街頭募金を行う。最近では**クラウドファンディング**などの Web 募金が主流になっている。人の心のどこかに、「他人のために役に立ちたい」という気持ちがあるからだろう。

　キリスト教の献金や、仏教の布施など、額の多寡にもよるが、

神仏のご加護に感謝の気持ちを込めて捧げる。この場合、多少なりとも神仏とつながっている感があり、ある程度は使途が確かであろう。

その一方で、「何やら怪しいな」と思うような場合もある。

公的認可を得ている団体への寄付なのかどうか、本当に寄付目的に使われるのかどうかなど、判別が難しいことがある。

募金を行う場合には、主催者が分かるように、また、募金の使途を明確にして、「どのように使われて、その結果どうなったか」を明示する必要がある。

不特定多数の人の募金を期待するならば、地方自治体が主体となるのが理想であるし、会社などの場合は、会社全体や、担当部署が主体となって実行したほうがいいだろう。

稲盛和夫氏が創業した京セラは、「全従業員の物心両面の幸福を追求すると同時に、人類社会の進歩発展に貢献する」という経営理念を掲げた。

創業から数年経ち、会社の基礎が固まってきたころに、年末のボーナスを社員一人ひとりに手渡したあとで、その一部を社会のために寄付することを提案した。

その額と同額のお金を会社が提供し、「貧しくてお正月にお餅を買えない人たちへ寄付をしよう」と提案したところ、賛同した従業員によって寄付が実現したという。

このことが、京セラが今日行っている社会貢献事業の先駆けとなった。[1]

課題と解決

「火事場の馬鹿力」ということわざがある。文字通り、「火事に遭遇すると、日頃持ち上げるのが不可能な重いものを動かすことができる（＝不可能を可能にする力が出る）」ことを表す。

火事で逃げまどっているときに、目の前に大きな障害物、例えば食器棚が倒れているようなときに、普段では考えられないような力が出て、食器棚を動かすことができてしまうといわれている。

自分事化して主体的に取り組むときに、発揮されるのは**創造力**であり、当人しか分からない力である。この創造力は、難局に出会ったときに、それを打破しようとして必死に解決策を探しているときに発揮される力である。緊急・非常事態に遭遇して、初めてその力を実感することができる。

例えば、搭乗していた飛行機が、何らかのトラブルで孤島に不時着した場合を考えてみよう。

「携帯しているものが何もない（明確な課題）」→「周りに頼る人がいない（自分事化）」→「試行錯誤を繰り返す（解決策の探索）」

---

1) 稲盛和夫の経営塾、日経ビジネス人文庫

→「衣食住のための装備・道具を考案する（創造力を発揮）」→「装備・道具を製作する（解決策を実行）」→「救助が来るまで持ちこたえる（解決）」

　まとめると、次のようなプロセスが考えられる。

　【明確な課題】→【自分事化】→【解決策を探索】→【創造力を発揮】→【解決策を実行】→【解決】

　筆者もそうだが、多くの人が、「**創造力を発揮する**」段階で最も苦慮する。ここで主体的に実行する人と、他人事で済まそうとする人の違いが出てくる。
　「救助が来る」ことを固く信じて、ひたすら目の前の障害に立ち向かう。五里霧中とか、暗中模索とかいうが、とにかく探し求め続けることである。目標を持ち、信じて、ひたすら努力することで、ベストではないかもしれないが、少なくともベターな解決の糸口、光明が必ず見えてくる……、いや、見えてくると信じて努力することが重要なのだ。
　探求せずに中断すると、ベターどころか何もできずに、生存することが難しくなってしまう。

　筆者の場合は、長い人生の中で、何度か考えられないような状

況に遭遇したが、事前に全く想定していなかった解決へと道が開かれて、その過程と結果に感謝した経験がある。

多くの場合は、考え、悩み、考え、悩みを繰り返し、試行錯誤を繰り返すうちに、他者の支援が得られた。

最近では SDGs がその例である。

【明確な課題】

武蔵野大学に専任教授として招聘された時に、「新設のグローバルビジネス学科で定年までの 4 年間、貢献できることは何だろうか？」と毎日考えていた。組織への貢献が課題であった。ちょうど大学が、新ブランド「世界の幸せをカタチにする」の具現化に力を入れていた時であった。

【自分事化】

自分に何ができるかを考え続けた。

【解決策の探索】

目先のことを考え、観察し、大所高所から俯瞰し続けた。

【創造力を発揮】

「何か現在の大学に存在しない手段はないか？」と、いろいろ試行錯誤してから、約一年ほどで辿り着いたのが SDGs であった。

考え、悩み、「どこかにヒントは落ちてないか?」といつも考えながらキャンパスを歩き、他の先生や学生に問いかけながらの就任一年目であった。

【解決策を実行】

前段の創造力を発揮する段階で、多くのヒントに出合い、多くの解決策を立案し、それをロードマップに作り上げて、大学の承認を得て実行した。

【解決】

「日本を代表したSDGs大学」=「武蔵野大学」と称されるのが自分の最終目標であり、まだ道半ばだが着実に前進していきたいと思っている。

偶然にも、「社会の課題を解決する科目」の担当になり、SDGsを一つのテーマとして進言したところ、火が付いたわけである。

自分の中に秘められた、そしてそれまで考えもしなかった創造力に火が付いた。火事場の馬鹿力が発揮された瞬間であった。

自分なりに「どのようにして具現化しようか?」と考え、悩みを繰り返した結果だ。

主体的に取り組むと、創造力がさらに働き、2030年までのロードマップを作成して、武蔵野大学の学長に進言した。

例えば、学長のSDGs実行宣言、武蔵野大学SDGs Award[2]、また「エコプロ博2019[3]」への参加・展示、さらに学外のSDGs知見者と共に公開シンポジウムを開催、紀要論文に掲載、国連の研究機関である「United Nations Academic Impact」への加入などが実現した（残念ながら、学内にSDGs推進本部設置構想は在任中には実現しなかった）。

　3年の間に具体化し、主体的に取り組むことにより、創造力が培われて、それまで予見できなかった事象が次々と起こり、結果として実現した。**「自分事化した時に宿る無限力」**、まさに「火事場の馬鹿力」である。

　個人が持続的に主体性を持ち、社会の課題解決に取り組むときに、自身のライフキャリアにおける役割に照らし合わせて考えると、その必然性を認識することができる。

　SDGsを自分事として取り組むときに、ドナルド・スーパー氏が提唱する**「キャリアレインボウ（＝人生の役割）」**を通してSDGsの実践を考えると、「なぜ取り組むか」の部分がはっきり

---

2) 学内教職員・学生が SDGs の取り組みを報告し、優秀作品を選ぶ。
3) 江東区有明の「Big Sight」で 12/5 〜 7 開催。約 16 万人が来場した。

としてくる。

　SDGs時代のキャリアの軸となるのは、金銭的な富だけではなく、**心身の富、自然環境の富**などの**社会的富**であり、9つの人生の役割をバランスよく実践することで、「それぞれの富」を実現することができる。

　そして、それによって持続する社会の発展を目指すのである。

　ドナルド・スーパーの「キャリアレインボウ」では、人生を9つの役割[4]に分類しているが、ここでは、【子ども】【学生】【余暇人】【市民】【職業人】【家庭人】の6つの役割について解説してみたい。

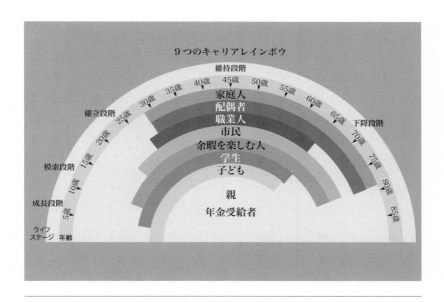

---

4) ドナルド・スーパーは人生の役割を、【家庭人】【配偶者】【職業人】【市民】【余暇を楽しむ人】【学生】【子ども】【親】【年金生活者】の9つに分類した。

【子ども】

　純真で素直な子供世代のベースは、好奇心にある。その好奇心は、親のもとで学校に通う間に育まれる。

　成長し、自立すると、今度は親に恩返しをする。そのベースは、日進月歩で進化するITの知識である。子供のIT知識の成長は、親のそれをはるかにしのぐ。成長余力がはるかに高いのである。

　成人し、自立した子供の役割は、IT知識を持って、親の老後生活を支援することである。成長した子供の富は、親の子育て満足にある。

　　［自分事化］

　　健康ですくすく育つ役割を考えると、SDGsの【目標3】である「健康で成長する基盤」の確立となる。具体的行動例として、偏食なく食事をすることや、手洗い、うがいの励行などである。成人し、自立してからは、親孝行を考える。例えば、離れて暮らす親に定期的に安否の相互確認をするなど。

【学生】

「成長」→「確立」→「維持」→「衰退」のライフステージを通じて学ぶ役割は、絶えず求められる。

　学びに終わりはない。机上での学び、実学の学び、人間関係の学び、心身を健康に保つ学び、教則学なりの学び、老いて子に従う学

び……などである。

この世に生きる限り、学びの連続であり継続する必要がある。学びから生まれる富は、心身の内的豊かさにある。

[自分事化]
SDGsの【目標4】の教育の自由こそが、学生の権利であり、実行責任である。具体的な行動例として、学生時代だけではなく、生涯が学生であり学び続けることを実践する。

【余暇人】
余暇というと、遊びを連想するが、その通り、「遊ぶ役割」のことである。

自律神経には、交感神経と副交感神経があるが、生活には行動と休息が必要である。人によりレジリエンス（心の強靭さ）は違いがあるものの、緊張ばかりではふくらましすぎて破裂する風船のように、やがて心に大きな穴ができる。適度な休息と知力・体力補強が必要となる。

余暇はたまたまできるものではなく、求めないとなおざりになる。好きな物ごとを作り集中する時間を創造する必要がある。余暇を楽しむ人の富は、自律神経のバランスにある。

［自分事化］

　【目標3】の健康・福祉、さらに【目標8】のディーセントワーク、【目標11】のレジリエントな人間居住の実践である。日常生活で趣味を持ち、心身共にバランスの取れた生活をする。

【市民】

　いうまでもなく、住民税を収める地方自治体に属する個人を総称している。

　家の内外のごみや、不要物を片付ける清潔な環境保全から始まり、地域の防災・防犯、その他の自治活動への責任がある。

　問題は、個人が限られた日常生活時間の中で、どれほどの時間を投入できるかである。市民の役割を実践する人の富は、平安な住みよい環境にある。

［自分事化］

　余暇人とは違った視点から、【目標11】達成へ向けて実行できることがある。近年大きな問題になっているのが、オレオレ詐欺だ。老人を狙い、犯罪件数が増加している。TV や銀行の窓口でも対策を実行しているが、ご近所の老人とオープンな会話ができる環境づくりと、実際のお声かけなどがある。

【職業人】

　従来の職業人の役割は、企業の経済的価値を高めることだった。SDGsは社会的価値を加えて、2本のレールの大切さを訴求している。このことは企業だけでなく、個々人にとってもしっかりと対応する必要がある。

　近年ではワークライフバランスや、イクメンといった概念が定着し、すでに経済的・社会的価値を具現化する土台はできている。職業人の富は、会社と自分の生活の安定・向上にある。

［自分事化］

　WLB改善で残業時間を少なくしても業績を上げた部門に、インセンティブを与える企業が増加している。インセンティブにSDGsへの貢献の項目を入れて鼓舞すると、職業人としての価値があがる。

【家庭人】

　家庭は、企業運営のミニチュアと考えると、多くの役割が想像できる。企業と違うのは、夫・妻は会社でいえば社長か幹部の地位だが、家庭運営の総責任者であり、さらに実行者であり、役割は多岐多面にわたる。

　やり方を合理的にしない限り、永遠に行わなければならない場合がある。料理をしながら掃除・洗濯をするのは勿論、家事全般のこ

とをいつも考え、余暇時間を作ることが難しいという現実がある。家庭人の富は、健全な家庭生活の実現にある。

［自分事化］

　家庭の全てのワークは、全てのSDGsと関係している。課題を念頭にしやすいことから、例えば、分別ごみ収集への協力などを自分事化していくとよい。家庭内で表彰するのが現実的でなければ、週末などに「SDGs17目標達成のための、我が家の貢献度」を話し合うのも自分事化の一環となる。

　以上の役割をSDGsの傘の下で自覚し、実行してみよう。

　このように、世界193か国、約74億の人たちが、「SDGs17目標」を自分事化して行動することこそが、新しい社会的価値観を世界中で醸成することにつながり、**惑星SDGs地球号**が円滑に運航する推進力となる。

第4章

SDGs Awardを創設する

Award の価値を理解しよう。

　稲盛和夫氏は、京セラから KDDI を創設、最近では JAL の再興
を果たし、今や経営の神様と称されているが、彼は表彰状の価値を
自身が主催する盛和塾で説いている。

　ある経営者が、優秀社員の業績を讃える方法を尋ねたところ、氏
の回答が「表彰」だった。

　昇給すれば毎年の経費が上昇するが、表彰状で名誉を讃えると、
当人の自信になるだけでなく、履歴書に「社長賞受賞」などと記載
することができる。

　それにより当人の社会的評価も高まり、永く栄誉を享受できる。
即物的記念品・賞金よりも、社長が社員全員の前で、賞状と共に心
ばかりの記念品でその業績を永く讃えることの効果を語っていた。

　文は武よりも強しで、個人の価値・名声は宝であり永遠である。

Award（表彰状）の効能

　日本表彰研究所所長の太田肇氏は、著書『表彰制度〜会社を変え
る最強のモチベーション戦略〜』[1] の中で、多くの企業・組織の表彰
例を取り上げて、表彰の効能を唱道している。

1）東洋経済新報社刊

表彰状は受賞者の「自覚」を育む。一般的に表彰状は最終到達点ではなく、「さらに進歩・成長してください」といったメッセージを、暗黙のうちに伝える。

　受賞者は、達成成果に誇りと同時に責任を持つだけでなく、さらなる高嶺を目指すようになるという、効能が秘められている。

　SDGs 達成への業績について、社長・学長・○○長等の組織のトップが栄誉を讃えることは、当人の士気を高めるのみか、周囲の人々のやる気を鼓舞する。

　表彰制度の確立こそが、受賞した者が SDGs を自分事化し、他者へ SDGs を拡大するための最良の手段と考える。

　社員の功労に報いるために、表彰状の他に金一封を添えるのはいいが、現金ありきの表彰になると、会社の経営状態が悪いときには重荷になってしまう。

　SDGs Award は、組織内だけではなく、世界に通用する価値を持つ。組織規模の大小を問わず、SDGs を冠することで世界 193 カ国に通用する。

　共通言語として、人々は功労内容に興味を持ち、受賞者の世界が広がっていく。日本人気性で、「表彰されたくない」「表彰されるために善行をしているのではない」という人たちもいるかもしれないが、SDGsAward は、善行が世界とつながり、誰も取り残さずに発展を続ける善行者の証しとなる。

受賞者は、日々の善行の末に達成した記念として、また功績を讃えられた栄誉は永遠に続く。

　世界が持続発展する社会を望み、世界共通の目標であるSDGsの達成を目指し、貢献したことが表彰されることは、多くの機会で称賛され、受賞者としての自覚が高まる。

　そしてなによりも他者を巻き込むパワーが生まれる。

　世界の片隅で得た栄誉に留まらず、価値あるSDGs Awardによって世界的視野が開かれる一方で、世界の一員として持続発展する世界を目指す、包摂的な活動チームの一員とであることの証しとなる。

SDGsのモチベーション

　地域住民の参加を促進する、モチベーションは何だろう？

　SDGsの「誰一人残さない」という視点から考えると、自分が実行するのはもとより、他の人々に働きかけて実行の輪を拡大し、SDGs目標達成に貢献してほしい。

　モチベーションに関しては、いくつかの理論があるが、主なものは、**ハーズバーグの2要因理論、マクレガーのX・Y理論、マズローの6段階欲求説**などがあり、企業・組織人事その他で、組織活性化のために適用されている。

　ここでは、「マズローの6段階欲求説」について考えてみたい。

[マズローの6段階欲求説]

　第1段階の**生理的欲求**は、空腹・睡眠などの充足を求める欲求で、日本人の多くが満たされていると考える。第2段階の**安全の欲求**は、自然災害と闘う時などに日本人が求めるものだ。第3段階の**社会性（愛・グループ帰属）の欲求**とは、他の人たちに働きかける欲求であり、第4段階の承認の欲求でグループで**評価される満足感**へとつながっていく。

　その後、第5段階で**自己実現**、そして第6段階の**他己実現**へと、レベルアップしていく。

　SDGs実行者・グループの場合、例えば【目標3】の「健康と福祉」において、生活習慣を改善するのは、第5段階の自己実現はもとより、他者に働きかけて、第6段階の「他の人の欲求を満たす援助行為」が社会から認められる。すなわち、第4段階の欲求が満たされて記録に残ると、達成感が湧くのである。

　功績が記録に残るのが、Award（表彰）の力である。

　表彰は世界に山ほどある。世界中に知れ渡っているノー

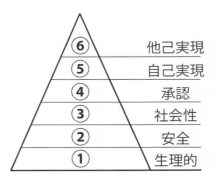

マズローの欲求の6段階

⑥ 他己実現
⑤ 自己実現
④ 承認
③ 社会性
② 安全
① 生理的

ベル賞から、各種団体、機関、企業その他や、オリンピックや競技大会などで表彰されることも、後々まで残す名誉となる。

　優秀な人やグループに、複数の表彰状・トロフィー・メダルが集まる傾向があり、受賞者の中には表彰状やトロフィーの置き場所がなく、引き出しに入れたままになっていて、日の目を見ないものもあると聞く。

　その一方で、表彰される機会があまりない人たちの方が、圧倒的に多い。何かに突出する能力もなく、人一倍の努力をせずに過ごしている人たちである。筆者自身も後者に属し、振り返っても表彰された機会や、表彰状の枚数は限られている。

　このグループに属するわれわれに、著名な表彰をされる機会があれば、モチベーションが上がるのではないかと考えている。

SDGs とブランド

　SDGs は、2015 ～ 2030 年の 15 年間に、世界 193 ヵ国でその目標達成に注力しようとしていて、その認知度は日に日に高まってきている。

　世界的な老舗企業であるコカ・コーラや、マクドナルド、ケンタッキーなどの食品会社、また、エルメス、クリスチャンディオールなどのファッション系会社などは、長年の多額の投資と品質管理によっ

て、その**ブランド力**（企業価値）を築き上げてきた。

　一般企業がブランド価値を高めるために費やす費用は、半端ではない。長い時を経て育てられている暖簾である。

　SDGsの場合は、まだわずか15年ほどだが、そのブランドは世界中で認知されてきており、老舗企業のブランド力に勝るとも劣らない価値を蓄積しつつある。

　著者は約25年間お世話になったコカ・コーラ時代に、多くの外国を仕事で訪れた経験がある。

　自由資本主義国において、コカ・コーラブランドに接した時には特に感じなかったが、情報が限られている東欧諸国を訪ねた時に、コカ・コーラの看板を見るだけで家族に会ったような安堵感を味わい、コカ・コーラビジネスに携わる誇りと喜びを感じたことがある。

　朝日新聞社が2017年から実施している、SDGsブランドの国内認知度は、2017年7月の12.2%から2018年7月の13.5%までほぼ横ばいだったが、その後急上昇し、2020年3月時点で32.9%を記録して、約20カ月で約20ポイント上昇した。他機関の調査では50%を超えたデータもある。

　増加するSDGs関連のメディア出稿、シンポジウム、イベント開催などを見るとSDGsブランドの認知度がさらに上昇すること

が期待される。

日本にはすでに政府が表彰するジャパン **SDGs アワード**の他に、朝日新聞社主催の**大学 SDGs Action Awards** など、多くの組織・機関の SDGs 関連の表彰制度がある。

社会課題を解決し、持続発展する社会を築き、「誰一人取り残さない」というスローガンは、普遍的な人類の幸せを想起させて、世界中の人たちの共感を呼ぶことだろう。

SDGs のピンバッジをつけている人に出会うと、「『誰一人残さない、持続する世界の発展を志向する人』なんだな」と思い、話をしなくてもその人と意思が共有される。

海外にいるときに、17 目標のアイコンを TV、新聞、看板その他で見ると、日本と距離が離れていても、親近感が生まれて、その地の活動に興味を持ち、知見が増して話題に事欠かない。

この SDGs のブランド価値は、2015 年からわずか 5 年で急速に世界中に広がった。

2030 年までにはさらに高まることだろう。

■ SDGs のピンバッジ。このようなロゴマークが、新聞・メディアに掲載され、ほぼ毎日のように世界の人々の目に触れる。ピンバッジは、TV に登場する多くの著名人がつけるようになった。

日常の中の SDGs Award

　多くの企業が、SDGs を商品・サービスの軸として付加価値を高めていく中で、社員も SDGs を意識し、そのパワーを強化する一員としての自覚を持つ必要がある。

　それは企業価値を作り出す側の一員としての自覚であり、参画意識である。企業のトップが、企業価値を高めるために掲げた目標を達成するために、上からの指示で行動し、勝ち得た参画意識である。

　日常生活の中で SDGs を理解し、自らが行動することを促すのが、本書の目的とするところである。日常生活の中で、どのような行動をとれば SDGs 実行者となり、そのブランドパワーを享受し、他の人たちと共有できるのかという証しとなるのが、**SDGsAward** だ。

　すでに SDGs を冠にした多くの Award があるが、その多くが何らかの組織・機関が主催するものであり、主催する組織に属さない人たちにとっては、自分事として参加する機会が限られている。

　そこで、多くの人たちが興味を持ち、参画する機会を提供するのが、地方自治体の首長が授与する「**○○市 SDGs Award**[2)]」である。

　2016年に安倍首相(当時)が SDGs 実行宣言を出し、内閣府・外務省・総務省の連携で政府に推進機関ができて、**ジャパン SDGs ア**

---

2)　巻末付録 2 参照

ワードが設立された。また、経団連でも実行憲章ができて、加盟会社が組織として SDGs に取り組むようになった。

　民間では大学生を対象に、朝日新聞社が主催して**大学 SDGs Action Awards** が始まり、学生たちが真剣に取り組む多くの実行事例が出てきている[3]。

　組織は首長の実行宣言により稼働する。SDGs を実行する意味を組織の構成員が理解し、統一された目標達成を志すことにより SDGs は浸透していく。

　組織の種類として、次のものが考えられる。

　①家族・親戚
　②学校
　③会社その他生計を立てるグループ
　④趣味グループ
　⑤住民グループ等

　それぞれの組織を細分化すると、無数のグループに分かれるが、①〜⑤のすべてのグループに Award の概念は有効である。

　特に外部に対して有効なグループは、②保育園・幼稚園・小学校・中学校・高校・専門学校・短大・大学・大学院ほか、③会社を束ねる経団連等から地方組織を含む企業連合・労働組合ほか、④文化・芸能・スポーツほか、⑤都道府区市町村の行政機関ほかに細分できる。

3）2018 年に筆者は、武蔵野大学 SDGs Award を創設にかかわり、学園教職員の参加を喚起した。そして 2019 年には、学長の実行宣言があり、全学で SDGs に取り組むことになった。

ジャパン SDGs アワードは、2017 年から始まり、地方公共団体・一般企業・学校の分野から多くの団体が毎年表彰されて、年々そのアワード価値が高まってきている。

　その実施要領から、評価内容を抜粋する。

1　評価項目

1：普遍性

① 国際社会においても幅広くロールモデルとなり得る取り組みであるか。

② 国内における取り組みである場合、国際目標達成に向けた努力としての側面を有しているか。

③ 国際協力に関する取り組みである場合、我が国自身の繁栄を支えるものであるか。

2：包摂性

① 「誰一人取り残さない」の理念に則って取り組んでいるか。

② 多様性という視点が活動に含まれているか 。

③ ジェンダーの主流化の視点が活動に含まれているか。

３：参画型

① 脆弱な立場におかれた人々を対象として取り込んでいるか。

② 自らが当事者となって主体的に参加しているか。

③ 様々なステークホルダーを巻き込んでいるか。

４：統合性

① 経済・社会・環境の分野における関連課題との相互関連性・相乗効果を重視しているか。

② 統合的解決の視点を持って取り組んでいるか。

③ 異なる優先課題を有機的に連動させているか。

５：透明性と説明責任

① 自社・団体の取り組みを定期的に評価しているか。

② 自社・団体の取り組みを公表しているか。

③ 公表された評価の結果を踏まえ、自社・団体の取組を修正しているか。

※ 類似の賞の受賞歴等は参考評価とし、採点はしない。

❷　評価基準

評価基準

A　極めて顕著な功績があったと認められる。

B 特に顕著な功績があったと認められる。

C 顕著な功績があったと認められる。

D 顕著な功績は認められない。

　以上の評価項目・評価基準をもとに、栄えある第一回ジャパン
SDGs アワード、本部長（内閣総理大臣）賞に選出されたのが、**北
海道下川町**である。

【貢献している目標】15 → 8、11、13 → 3、4、7、9、12

- 下川町は人口約 3400 人、高齢化率約 39% の小規模過疎地域
  かつ少子高齢化が顕著な「課題先進地域」。
- 町の憲法ともいわれる「下川町自治基本条例」に、「持続可能な
  地域社会の実現」を位置付け、①森林総合産業の構築（経済）、
  ②地域エネルギー自給と低炭素化（環境）、③超高齢化対応社会
  の創造（社会）に、統合的に取り組んでいる。
- 具体的には、持続可能な森林経営を中心に、適正な木材、木製品
  の生産と供給、森林の健康や教育への活用、未利用森林資源の
  再エネ活用、再エネ熱供給システムを核としたコンパクトタウ
  ン等を推進。
- これら取組を通じて、「誰もが活躍の場を持ちながら良質な生活
  を送ることのできる持続可能な地域社会」の実現を目指してい
  る。

[SDGs 実施指針における実施原則（本アワード評価基準）]

普遍性：小規模自治体や国内における地方創生モデルになりうる。

包摂性：既住民のみならず、女性をはじめ多様な人々が移住。

参画型：バイオマスボイラ導入による燃料費削減効果額を基金に積み立て、社会的立場の弱い人への支援を実施。

統合性：バイオマス原料製造による熱供給システムを核としたコンパクトタウン化などにより統合的に解決。

透明性と説明責任：進捗管理機関及び内閣府設置の評価委員会から評価を受けるとともに、評価を踏まえた取り組みの軌道修正。

本部長（内閣総理大臣）賞についで、次の賞が発表された。

副本部長（内閣官房長官）賞

- 特定非営利活動法人しんせい
- パルシステム生活協同組合連合会
- 金沢工業大学

副本部長（外務大臣）賞

- サラヤ株式会社
- 住友化学株式会社

パートナーシップ賞（特別賞）

- 吉本興業株式会社
- 株式会社伊藤園
- 福岡県北九州市
- 国立大学法人岡山大学
- 江東区立八名川小学校

　「パートナーシップ賞（特別賞）を受賞した「福岡県北九州市」の活動は次の通りである。

【貢献している目標】3、4、5、6、7、8、9、11、13、17
　北九州市は、公害克服の経験から得た「市民力」や、ものづくりのまちとして培った「技術力」を活かし、課題先進都市として、様々な取り組みを実施。これらの取り組みは、長年にわたる国際協力や低炭素社会の実現など、世界が目指すSDGsを先取りするもの。
　① 市民を中心とした持続可能な開発のための教育（ESD）や、市民活動の推進
　② 次世代エネルギーの拠点化（低炭素で安定したエネルギーネットワークの構築）
　③ 環境国際協力や環境国際ビジネスの推進（世界への貢献）

[SDGs 実施指針における実施原則 (本アワード評価基準)**]**

普遍性：公害克服の経験は他の自治体へのロールモデルになり、その経験や技術は国際的目標への貢献に資する。

包摂性：高齢者や女性を含む「市民が自発的に動く」の理念に則った仕組みを採用し、多様性の確保に努めており、同市の女性委員参画率は政令市トップクラス。

参画型：復興支援を積極的に実施。また、多様なアクターが中心となって活動をし、行政は側面支援を行っている。

統合性：「環境国際ビジネス」は、同市における経済活性化、国際社会における環境保全という異なる課題に寄与。

透明性と説明責任：自主的な取り組み評価のほか、情報公開により外部から評価を受ける機会を確保。それら評価を施策に反映する PDCA サイクルを実施。

その他、受賞団体については以下を参照してほしい。

- 「ジャパン SDGs アワード」実施要領[4]
- 令和元年度「ジャパン SDGs アワード」の具体的実施方法について[5]

---

4) www.kantei.go.jp/jp/singi/sdgs/japan_sdgs_award_dai3/01youryou.pdf
5) www.kantei.go.jp/jp/singi/sdgs/japan_sdgs_award_dai3/02jisshi.pdf

第5章

世界のSDGs都市に仲間入りする
注:便宜上「市」とするが都道府県区市町村を表す。

SDGs Award の価値を世界と共有する。

　2018年の国連ハイレベル政治フォーラムで、SDGs進捗状況の報告があり、世界の大手企業からスタートアップまで、2,200名以上が参加した。

　特に都市や、市町村などの参加が目立った。日本からは、北九州市の北橋健治市長が出席し、日本SDGsアワードを受賞した事例を発表した。その内容は高く評価され、「SDGsの最終的な実践は市町村であり、その声をもっと大きくすべきだ」との発言が、注目を集めた。

SDGsと自治体

　わが国では、内閣府地方創生推進局が、持続可能な経済社会システムを実現する都市・地域づくりを目指す、「環境未来都市構想」を推進しており、次の二つの柱を実現する都市・地域を目指している。

　一つの柱は、「環境モデル都市」で、持続可能な低炭素社会の実現に向けて、先駆的な取り組みにチャレンジする都市である。目指すべき低炭素社会の姿を具体的に示し、構想の基盤となる。

もう一つの柱は「環境未来都市」で、環境や高齢化など人類共通の課題に対応して、環境・社会・経済の３つの価値を創造することで、「誰もが暮らしたいまち」「誰もが活力あるまち」の実現を目指す都市地域を指す。

　SDGs は、「環境未来都市構想」の理念と合致し、地方創生を一層促進するために、「環境未来都市構想」をさらに発展させ、新たに戦略的に取り入れることを目指している。
　それにより、日本全体の持続可能な経済社会づくりの推進を図り、その優れた取り組みを世界に発信していく[1]。

　「誰一人残さない」という持続する社会発展を支えるには、国民一人ひとりの主体的行動が必要となる。
　国民一人ひとりが、SDGs を自分事として行動してこそ、真のSDGs 社会となり、持続発展する世界が誕生する。
　本書では、国民全員が所属する組織である、地方公共団体を中心に、住民が主体的に自分事として実行する SDGs への取り組みを提案し、読者一人ひとりの実行を促したい。

　日本の地方公共自治団体数は、1,967団体である。
　具体的には、都道府県 47（１都１道２府43県）、特別区 23、市786（うち政令指定都市19）、行政区170、町757、村184[2]だ。

---

1) 抜粋：内閣府地方創生推進事務局発　地方創生 SDGs・「環境未来都市」構想
　　https://www.kantei.go.jp/jp/singi/tiiki/kankyo/
2) 出所：proamics.com/homepage.php

2019 年 7 月、内閣府が SDGs 未来都市として 31 都市、自治体 SDGs モデル事業を 10 事業選定し、地方創生を展開している。[3]

　2019年までの2年間で、内閣府は合計60の自治体をSDGs 未来都市に選び、うち 20自治体の事業計画を「モデル 事業」としている。[4]

　2020 年度の「SDGs 未来都市、及び自治体 SDGs モデル事業の選定」[5]と、2020 年度の「SDGs 未来都市等選定基準（評価項目と評価・採点方法)」[6]が明らかになった。

［評価項目］
全体計画（自治体全体での SDGs の取り組み）
　①将来ビジョン・評価、採点に必要な事項が記載されているか
　②自治体 SDGs の推進に資する取り組み
　③推進体制
　④自治体 SDGs の取組実現可能性
　　自治体 SDGs モデル事業（特に注力する先導的取り組み）
　①自治体 SDGs モデル事業での取り組み提案

　概要：中長期を見通した、持続可能なまちづくりのため、地方創生に資する、地方自治体による持続可能な開発目標（SDGs）の達成に向けた取り組みを推進していくことが重要。　地方創生分野

---

3) https://www.kantei.go.jp/jp/singi/tiiki/kankyo/teian/2019sdgs_pdf/
　sdgsfuturecitypress0701.pdf
4) https://www.kantei.go.jp/jp/singi/tiiki/kankyo/teian/2019sdgs_pdf/
　sdgsfuturecitypress0701.pdf

における日本の「SDGs モデル」の構築に向け、引き続き、自治体による SDGs の達成に向けた優れた取り組みを提案する都市を、「SDGs 未来都市」として、31都市を選定。また、特に先導的な取り組みを、「自治体 SDGs モデル事業」として10事業を選定する。

　※ 2018 年度においては「SDGs 未来都市」として29都市を選定。「自治体 SDGs モデル事業」として10事業を選定。これらの取組を支援するとともに、成功事例の普及展開等を行い、地方創生の深化につなげていく[7]。

[自治体 SDGs モデル事業]
上限３千万円／都市
定額補助上限２千万円 定率補助（1/2）上限１千万円
①経済・社会・環境の三側面の統合的取り組みによる相乗効果の
　創出
②多様なステークホルダーとの連携
③自律的好循環の構築

[成功事例の普及展開]
選定都市の成功事例を国内外へ情報発信
• イベントの開催
• 幅広い世代向けの普及啓発事業等

5）https://www.kantei.go.jp/jp/singi/tiiki/kankyo/teian/sdgs_2020sentei.html
6）https://www.kantei.go.jp/jp/singi/tiiki/kankyo/teian/2020sdgs_pdf/10_kizyun.pdf
7）https://blogos.com/article/388729/

このように、内閣府地方創生推進室のリーダーシップにより、SDGs の浸透が進んでいる。しかし、あくまでも首長が SDGs 宣言をし、既存の取り組みを SDGs 傘下に整理実行する、**トップダウン**の形態である。

　本書では、トップダウンの枠組みの中でも、住民一人ひとりが主体者となって実践する、**ボトムアップ形式**を探求している。住民一人ひとりが、SDGs を日常生活に取り入れて、自分事とすることを目指す。

　住民が SDGs の実行により、国と、そして世界とつながる自覚を持つことができれば、IoT[8] を牽引する SDGs 住民力[9]を醸成することができる。この SDGs 住民力こそが、住民の創造力を駆り立てて、ほかの自治体と違った、ユニークな取り組みへ発展する。

　地域にはそれぞれの地域の良さがある。

　A 市と B 市の SDGs Award が、それぞれの市民のふるさと意識・郷土愛を高めることにもなる。

　例えば A 市が、SDGs の【目標 3】をメインテーマとして、「**健康都市宣言**」をしたとすると、B 市は SDGs の【目標 7】の脱化石燃料をテーマに「**クリーンエネルギー都市宣言**」をする……といった具合である。

　もちろん、A 市と B 市、さらに多くの市が同一目標に向かって、

8）Internet of Things（モノのインターネット）。モノに通信機能を搭載して、インターネットに接続・連携させる技術のこと。
9）住民が包摂的連帯感を持ち、自律して主体的に持続する社会を築き上げる力のこと。

SDGs の輪を拡大すると影響力がパワーアップする。

　ふるさと納税は、自分の住む土地の特産品を、ほかの地域の住人に購入・納税してもらう、ユニークな地方創生手法だが、SDGs Award では、自分が住む街のユニークさを具現・実感する。そしてそれを強みとして、住民力が活性化されて、街の発展につながる。

　Award で大切なのは客観性で、Before After 比較により成果を数値化する。

　例えば、【目標3】で、健康と福祉でラジオ体操を奨励するとしよう。市民や市民グループが一定期間、ある地域で実行して、健康改善を実証するとしたら、「Award 受賞後に同市の他地域へ拡大して、○○までに全市へ拡大する」といった企画を考えてみる。

　企画プロセスは、無から有を作り出すことになるため、非常に手間暇がかかる。準備の簡素化を図るために、具体的なステップごとに解説したので参考にしていただきたい。

（1）市長の実行宣言

　市職員だけでなく住民全体に賛同・協力を求めるために必ず準備する。

　(1-1) SDGs 理解

　(1-2) 実行宣言例

要旨：SDGsAward は、持続する社会発展への貢献者として、受賞者が、受賞者の住む街が、世界 193 カ国の街と繋がっていることを讃える。

（2）既存の年間計画・中長期計画と統合

既存計画に SDGs で横串をさす。

　　（2-1）　統合

　　（2-2）　数値目標を立てる

（3）個人・グループごとに実行責任の明確化

　　（3-1）　公平な評価基準を設定

（4）住民を巻き込む資料作成

　　（4-1）　既存の社会活動に SDGs で横串をさす。

　　（4-2）　数値目標を立てる

実行プロセスは次のようになる。

【A パターン】

　現在行われている市の課題解決策を、SDGs で横串を指し、17 目標カテゴリーごとに分ける。

　例えば【目標 3】「健康と福祉のメタボ改善のために、ラジオ体

操を奨励する場合」は次のようになる。

A-1：市役所が企画し市民が実行する（トップダウン方式）

(1) 市の健康診断の結果、昨年度の結果をもとに、今年度の目標数値を設定する。

(2) 自治会を選定してテスト実施し、運営・管理ノウハウを吸収する。

(3) ○○学校の体育館を使用して、○○日から○○日の期間行う。

(4) 結果に応じて○○市 SDGs 第3目標 Award 達成賞、努力賞などを授与する。

A-2：市民が企画し市民が実行する（ボトムアップ方式）

(1) 市民から【目標3】健康と福祉のメタボ改善のための案を募集する。

(2) 市が選定して SDGs 第3目標 Award 企画賞に認定する。

(3) 選定結果がラジオ体操なら、○○学校の体育館を使用し、○○～○○日の一年間行う。

(4) その企画を実行して目標達成できれば、同達成賞、努力賞などを授与する。

A-3：市役所が提案しステークホルダー別[10]に実行する

(1) 各機関が立案し応募する（トップダウン・ボトムアップ両方

---

10) 市の各機関：商工会議所・学校・自治会など。さらに小分類も可。例えば商工会議所業種等分類別または各企業、学校学年・クラスなど。

式が可能)。

(2) 市が選定して、「SDGs第3目標Award」対象活動に認定する。

(3) 認定された機関がA-2と同様に一定期間実行する。

(4) 目標達成グループ・個人に、市長・機関代表者から賞状を授与する。

【Bパターン】

市役所が全市民・全ステークホルダーに、17目標・課題の紹介をする。その身近な解決策を公募する（ボトムアップ方式）。

B-1：他薦方式で課題解決努力を表彰する

推薦者は、同活動をどのように拡大するかを提案する（筆者自宅近くの公園では、初老の男性が毎朝公園のごみを拾っているが、このような人を推薦したい）。

B-2；住民が企画して実行する

(1) 優秀作品を選別し、○○市○○ステークホルダーSDGs実行企画賞を授与する。

(2) ステークホルダーごとに一定期間実行し、同実行賞でグループ・個人を表彰する。

このように、市民が主体的に参加することが、SDGs Awardであり、自分たちで手作りしたものが、他都市との差別化につなが

り、郷土愛を醸成することになる。

　Award の価値は、「知名度＝ブランドパワー」によって違ってくる。国連が提唱し、世界193ヵ国で2030年まで継続されるSDGsが、この5年間でこれほどまでに拡大・浸透してきていることを考えると、Award の価値は計り知れないものがある。

　SDGsに対して、全世界がこれから発展、そして熟成に向かう段階であることから、企業は多かれ少なかれ、何らかの形でSDGsに関与しなければ生き残れないだろう。

　SDGsの活動において、「表彰される」ということは、年を重ねるごとに重きをなしていき、その価値は上がるであろう。
　ただし、そのためには、自己満足だけの価値では限定的なものとなってしまう。

　そこで必要なのが、自治体や企業の表彰制度である。
　地方自治体は、社会的課題を自分事化し、うまく解決した個人を表彰し、栄誉をたたえる一方で、副賞（例えば金一封）のような形で表することも必要である。
　また、政府のSDGs推進委員会や、経団連SDGs推進委員会へ寄付をすることで、企業や自治体の名声が広がるだろう。

このような連鎖する表彰制度は、構成員が組織の一員であり、組織が世界の一員であることを実感させる効果をもたらす。

　さらに、個人が個人として、あるいはグループの一員として表彰されると、その後の個人のキャリア形成に大きな役割を果たすことになる。

　新たにキャリア業績に組み入れられるほどの重きをなして、さらにその姿勢がキャリア形成の主軸となる。

　SDGs ファミリーの称号は、未来永劫キャリアを支え続けて、どのような資格よりも、**社会訴求ができる資格**になることが期待されるだろう。

第6章

中小企業がSDGs社会を牽引する

新SDGs時代を反映する企業価値を創造する。

　税金を納め、企業市民として成長する企業は、事業規模の大小を問わず、社会の公器としてその存在価値は大きい。

　近江商人の「三方（売り手・買い手・世間）良し」は、企業活動の基本であるといわれている。企業規模が限られていると、この三方が短く狭くなってしまうのは否めない。

　しかし、この三方の中で、「世間」の狭さが業容拡大の可能性を限定してしまうことがある。

　そこで、SDGs という世間の動きを、先取りしてはいかがだろう？

　SDGs は、政府が首相直轄の推進室を稼働させて、経団連を中心とする経済界が、2030 年へ向けて新しい企業価値向上の柱として取り組んでいる。

SDGsと中小企業

　規模の大小を問わず、中小企業もマクロ的視野を広げる一方で、自社製品・サービスの品質向上の柱に、「SDGs の３つの価値（経済・環境・社会）」を取り入れることを期待する。

　2030 年以降へ向けて、中長期計画の公器的資質を、業界や一般

社会に訴求することにより、業容拡大の幅が広がり、事業基盤を強固にすることにつながる。

2020年版の中小企業白書によると、中小企業社数は、2014年時点で中規模が56万社、小規模が325万社で合計381万社ある。大企業は約1万社であることから、全ての会社のうち、約99.7%を中小企業が占めていることになる。

【中小企業の定義】
- **製造業その他**…資本金3億円以下、または従業員300人以下
  （うち小規模事業者は従業員20人以下）
- **卸売業**…資本金1億円以下、または従業員100人以下
  （うち小規模事業者は従業員5人以下）
- **サービス業**…資本金5000万円以下、または従業員100人以下
  （うち小規模事業者は従業員5人以下）
- **小売業**…資本金5000万円以下、または従業員50人以下
  （うち小規模事業者は従業員5人以下）

従業員の雇用数は、合計約5921万人のうち、中小企業が約4488万人で全従業員の75%以上を占めている。

経団連が中心となって、大企業のSDGs参画意欲は高まりつつ

あり、これからも貢献が期待されているが、国を挙げてのSDGs大国を目指すには、限られた数の中小企業の参画では心もとない。

　SDGs主要報道機関の一つ、日本経済新聞は2020年夏に「中小企業の『魂の声』」を募集するために、ほぼ毎週のように全面広告を掲載していた。
　内容は、「日本経済新聞社は、150の中堅・中小企業からのメッセージを読者の皆様にお届けします」のメッセージの後に、「中堅・中小企業劇場　魂の声〜2030年に残したい企業〜」と題して、SDGsのロゴマーク入りで掲載していた。
　日本を元気にするために、中小企業のSDGs一環の本格的な取り組みを紹介し、拡大することが趣旨であった。

　国には「ジャパンSDGsアワード」があり、地方公共団体には「SDGs未来都市」、教育界には「大学生SDGs Actions Award」などで、各界をリードする取り組みが行われている。
　ところが、残念ながら、中小企業界でリーダーシップを発揮している活動基盤が少ないように思う。その一方で、個々の企業で、国の「ジャパンSDGsアワード」を受賞した例がある。

「SDGs パートナーシップ賞」を受賞した中小企業

● 吉本興業株式会社

［SDGs 活動概要］

① ＳＤＧｓの啓発アニメーションや PRCM の製作・上映

② ＳＤＧｓ啓発スタンプラリー

③ SDGs をテーマにしたお笑いコンテスト「SDGs-1 グランプリ」

④ SDGs 吉本新喜劇などを幅広く実施するとともに，多様なス
　テークホルダーとの連携活動も展開

　などの広告塔的な貢献が評価されている。著名なタレントたちが
繰り広げる演芸は一般社会への訴求力大である[1]。

● 株式会社大川印刷

　1881 年創業の資本金 2 千万円、従業員数 41 人の横浜の会社で
ある。受賞理由は、「地域の中小企業が、全社員への SDGs 教育を
実施し、ボトムアップ型で SDGs 経営戦略を策定している」とされた。

［経営理念］

・私たちは“幸せ”を創造するまごころ企業を目指します。
　　－YOKOHAMA まごころ印刷所－

・企業は人が幸せになるために存在するものであり、幸せを創り

---

1) 吉本興業の SDGs 取り組み…www.yoshimoto.co.jp/sdgs/

出す使命があります。
・YOKOHAMA からすべて（顧客・地域・社会・自然・私たち）が笑顔になる「まごころ」を創り続け、感謝を伝えていきます。

[SDGs 活動概要]
・SDGs 経営戦略を策定し、経営計画そのものに自社の本業で実現可能な SDGs を実装。
・「ゼロカーボンプリント」に加えて、2020 年までにごみゼロ工場を達成する活動を推進。
・パートを含む全従業員を対象に、社内ワークショップを実施。各自の問題意識を全体共有した上で、SDGs との関連づけを行い、課題を解決するプロジェクトチームを従業員主体で立ち上げ、SDGs を推進。
・その他、障害者支援活動、RE100[2] へ向けた取り組み、子ども向けの SDGs 工場見学ツアー実施、SNS や HP を使った積極的な SDGs の取り組みの発信など。

　全社員にワークショップで、「SDGs 社」となる教育を実施し、課題解決をプロジェクトチームで実行した。まさに経営理念を具現化するのに SDGs を大義名分とした取り組み例である。[3]

2）「Renewable Energy 100%」の略称。 https://www.re100-denryoku.jp/about
3）https://www.ohkawa-inc.co.jp/2018/04/18/ 関東経済産業局 - 局長が見学に来社 /

• 株式会社富士メガネ

　1939 年創業の資本金 3 千万円、北海道を中心に 66 店舗、社員約 600 名を抱えるメガネ店。同社は、海外難民・国内避難民視力支援活動を評価されて、受賞した。

[社是]

われわれは、人々の健全な視機能向上と見る喜びに奉仕して、豊かな文化の創造繁栄に貢献する。

[SDGs 活動概要]

・1983 年以来、毎年海外の難民キャンプや国内避難民の居留地を訪問し、難民・国内避難民の視力検査 を行って、一人ひとりに合った眼鏡を無償で寄贈する活動を実施（延べ 37 回）。参加社員は延べ 195 名、寄贈した眼鏡は 16 万 9446 組。

・国連難民高等弁務官事務所（UNHCR）と、全世界最長のパートナーシップを継続。日本国内の協力 会社等のステークホールダーも活動に協力。2006 年に UNHCR からナンセン難民賞を受賞。

・支援活動を通じた社員の技術力向上と仕事への誇りはビジネスと難民支援活動の好循環を醸成。

---

4) https://www.unhcr.org/jp/nansen-refugee-award
5) https://outside-in.jp/case/fujimegane/

• 会宝産業株式会社

金沢の自動車リサイクルを専業とする社員約60人の会社。

[業務内容]

　使用済自動車を適切に分別処理し、部品のリユース、資源のリサイクルを積極的に進めることで環境負荷の低減に取り組む。まだ使えるのに、使わなくなった日本の中古車や、中古部品を海外61カ国に輸出し、再使用することで、限りある資源を有効活用する一方、日本のリサイクル技術を海外に伝え、海外での自動車リサイクル事業を促進し、地球規模での資源循環型社会に貢献している。

[SDGs活動概要]

・自動車リサイクルを通して、「持続可能な消費と生産」「すべての人々に働きがいのある人間らしい雇用」を促進するため、各国政府、現地企業家とのグローバル・パートナーシップを形成し、地球規模での資源循環型社会構築を目的に活動。

・ブラジル・インド・マレーシア・ケニアにおいて、自動車リサイクル政策の立案サポート、現地リサイクル工場設立による環境に配慮した自動車リサイクルのバリューチェーン構築と、現地雇用の創出に取り組んでいる。

・上記取り組みを通じ、使用済み自動車の処理が適切に行われないことによる土壌汚染、廃プラスチック、タイヤ等の投棄・野

焼きによる環境汚染の防止に貢献。⁶⁾

• 株式会社虎屋本舗

　長寿企業（創業 398 年）として、地域の伝統文化の継承や、地方創生に貢献したことを評価されての受賞となった。

　資本金 2,400 万円、社員約 1,000 名の知名度が国内外で高い和菓子の老舗である。

［SDGs 活動概要］

・創業 398 年の和菓子屋の熟練の菓子職人が、離島の学校や山間部の障がい者支援学級、高齢者福祉施設などで菓子教室を実施。
・菓子作りを通した相互交流による、循環型の郷土文化の継承と創造サイクルを実践。

●虎屋の場合[7]

普遍性	高齢者や子どもが中心の中小企業でも取り組める SDGs 活動は，地方創生のロールモデルとなりうる
包摂性	全員参加型の商品開発と技能継承の促進
参画型	地元の小中学校，離島や山間部などの孤立地域など声がかかれば何処でも菓子教室を実施している
統合性	企業ブランディングという事業的メリットと郷土文化育成という社会的メリットを同時に達成しうる
透明性と説明責任	事業内容をウェブ上で公開している

6）https://www.hai-sya.com/members/k05.html
7）https://chubu-sdgs.com/sdgs-awrd-vol2-torayahonpo/

・企業戦略としての CSV（共有価値創造）戦略を推進。瀬戸内地方における、希少性と多様性とをもった地域リソースを活かした、新たな市場開拓に挑戦している。

　受賞企業は、規模の大小を問わず、SDGs 受賞企業としてアワード評価基準を満たし、社会的影響大で SDGs 達成への貢献が期待されている。
　今まで社運をかけて培ってきた有形無形の企業資産に、さらに SDGsAward を受賞することにより、社会の公器として評価されて、提供する商品・サービスの高品質はもとより、社員のモチベーションアップが期待できる。

　このような評価基準を満たすことが、SDGs 社会で評価される企業であるから、この機会に**普遍性・包摂性・参画型・統合性・透明性**と**説明責任**の項目ごとに自社を振り返ることをはじめ、是非、多くの中小企業社に応募いただきたい[8]。

　SDGs 企業価値は、**経済・環境・社会**の 3 価値からなる。
　経団連や、その他団体が旗を振るからではなく、惑星地球号全体が、SDGs という運航をする環境下で、全ての企業が「SDGs の 3 価値」を追求することを期待してやまない。
　以上、具体的な実行例を見たが、新たに実行する場合のプロセス

---

8) 過去 3 回の受賞団体 https://www.mofa.go.jp/mofaj/gaiko/oda/sdgs/award/index.html

は、前章の地方自治体の場合と多くが重なる。

（1）社長の実行宣言
社員の指示・協力を求めて参加意欲を高めるために必ず準備する。
  （1-1）SDGs 理解
  （1-2）実行宣言例

要旨：SDGsAward は、持続する社会発展への貢献者として、受賞者が世界193カ国とつながっていることを証明する。

（2）既存の年間計画・中長期計画と統合：既存計画にSDGsで横串をさす。
  （2-1）統合する（既存計画を縦軸にSDGs17目標を横軸にする）
  （2-2）数値目標を立てる

（3）個人・グループごとに実行責任の明確化
  （3-1）公平な評価基準を設定

（4）社員を巻き込む資料作成
  （4-1）社員・グループがSDGs活動を起案する。
  （4-2）数値目標を立てる

実行プロセスは、次のようになる。

【A パターン】

　現在行われている会社の成果目標等の人事評価制度の項目ごとに
SDGs で横串をさす。

　例えば、【目標12】「食品メーカーが食品ロスを改善するために
つくる責任つかう責任」を実行する場合は次のようになる。

A-1: 製造と営業が企画する（トップダウン方式）。

（5）製造在庫量・営業受注量の最適化を図り、目標数値を設定する。

（6）営業は店頭在庫量の最適化を図り、品切れ防止目標数値を
　　設定する。

（7）会社収益目標の達成度合いに応じて、SDGs 第12目標
　　Award 達成賞、努力賞などを授与する。

A-2: 社員が企画し実行する（ボトムアップ方式）。

（5）社員から目標12改善のための案を募集する。

（6）プロジェクトチームが選定して、SDGs 第12目標 Award
　　企画賞に認定する。

（7）その企画を実行して目標達成できれば同達成賞、努力賞な
　　どを授与する。

【Bパターン】

　会社が全ステークホルダーに、第12目標・課題の紹介をする。
その身近な解決策を公募する（ボトムアップ方式）。

B-1：他薦方式で、日ごろの小さな、しかし定期的に長く続いている
　　　ような、例えばKAIZEN活動のような課題解決努力を表彰する。
　　　推薦者は同活動をどのように拡大するかを提案する。

B-2：社員が企画して実行する。
（5）優秀作品を選別し、SDGs実行企画賞を授与する。
（6）企画を一定期間実行し、同実行賞でグループ・個人を表彰する。

■ゴミの分別も SDGs 第 12 目標のほかに、第 14 目標達成のための活動だ

第7章

SDGs時代のライフキャリアを
デザインする

SDGs 時代を生き抜く新たなキャリア創造！

　SDGs 社会とは、企業が経済的価値のみならず、社会的価値、さらに環境的価値を追求する社会であり、ESG 投資は SDGs を経済界で牽引する一手段である。

　中長期を見据えて、企業がどのようなプランを持っているかを精査して投資を図ることが大切である。

　ESG（Environment、Social、Governance）、すなわち環境、社会、企業統治を主要因とする投資に対する新しい考えが、台頭してきた。

SDGs と ESG

　年金基金などの大きな資産を、超長期で運用する機関投資家を中心に、企業経営のサステナビリティを評価するという概念が普及するようになった。

　そこで、気候変動などを念頭においた長期的なリスクマネジメントや、企業の新たな収益創出の機会を評価するベンチマークとして、ESG は SDGs と合わせて注目されるようになってきている。

　日本では、投資に ESG の視点を組み入れることを原則として掲

げる国連責任投資原則（PRI）に、日本の**年金積立金管理運用独立**
行政法人（GPIF）が 2015 年に署名したことを受け、ESG 投資が
広がってきている。[1]

　ESG 投資は年々増加しており、2016 年ですでに約 22.8 兆 US
ドル（日本円で約 2500 兆円）で、世界の投資額の 26％以上を占
めるまでに拡大している。[2]
　労働環境では、従来の終身雇用の概念が死語となりつつあり、副
業が重視される時代がやって来ている。正規・非正規社員の壁がな
くなりつつあり、国民一人ひとりが自立して、ライフキャリアをデ
ザインし、実行する時代へと価値観の変革が求められている。
　しかしながら、言うは易し行うは難しである。

　SDGs17 目標をキャリアデザインの場合、ESG に合わせて以下
のように分類してみる。

　・「**環境投資**：SDGs 6・7・11・12・13・14・15」
　・「**社会投資**：SDGs 1・2・3・5・9・10」
　・「**自己統治**：SDGs 4・8・16・17」

　環境投資では、将来の環境改善のために、水資源を大切にして、
化石燃料の使用を最小限にする生活を地域で創成し、廃棄物の減少

1）経済産業省 https://www.meti.go.jp/policy/energy_environment/global_warming/
　esg_investment.html
2）Global Sustainable Investment Review

を常に考える生活変容が必要となる。

　社会投資では、心身共に健康な生活を心がけ、弱者への気配りを高める社会をつくる姿勢を維持する。

　自己統治では、生涯学び続けて、正義を重んじて協働の精神で、パートナーとは「1＋1＞2」となる成果を追求する。

　社会的には、義務教育が終わる15歳以降、高校卒業後、大学卒業後、自活を始めると自立しているかのように見なされてきた。

　その実、多くの人が、実際は企業や組織に属して、歯車の一部として仕事を任される。そのような意味では責任を遂行し、自立しているといえるかもしれないが、企業や組織から離れてしまうと、自立できていないことが多く見られる。

　自分で考え、自分が主体的に行動し、自分が社会的責任を果たしてこそ、自立しているといえる。

　キャリアレインボーに出てくる家庭人の役割は、まさに自立した姿である。全てのことに対して、主体的に対応する必要がある。

　3度の食事の準備、掃除、洗濯、買い物、公的料金支払い、家庭の安全、家族の幸せ、家庭の安寧・繁栄のための教養、収入増のための生業のスキルアップ……など、全てが自分の裁量で運営される。

　病気になれば、医者に行き、必要があれば入院する時もある。

これらの多くが、企業や組織では多くの人によって分担されていて、自分は一歯車でしかない。

　ライフキャリアの基盤は、時代の社会情勢を反映し、形成されて展開されている。
　例えば、第二次世界大戦後の復興時代は、「産めよ、増やせよ」で、戦争で亡くし、減少した国民の数を増やし、「贅沢は禁句」だった。
　少ない食料を分かち合い、資産形成に注力し、家庭人の役割のほとんどが主婦に任されていた。
　夫の多くは、究極の国威向上のために、企業や組織で多くの残業をこなし、昼夜をささげて、家庭を顧みる余裕はなかった。
　この時代の家庭人は、夫婦それぞれ別々に役割をこなしていた。

SDGs 社会での自立概念

　教育では、SDGs が文科省の指導要領で 2020 年から小学校、2021 年から中学校の授業に取り入れられるようになってきた。[3]
　企業では、従来の就社ではなく、本来の就職が重んじられて、個人の自立したキャリア思考が台頭してきている。
　自立を前提にした社会形成が主流となっている現代、**ライフキャリア**を大きくシフトする必要がある。
　これまでの「人生 60 年時代」を、100 年に延長し、その中身を

---

3) 国連でも 16 歳のスウェーデンの環境活動家グレタ・トゥーンベリさんが、2018年の国連気候変動会議で、CO_2 排出中止を演説した。

創造する力が必要とされている。

　現役引退の高齢者は、年金頼りの後半人生ではなく、社会の一員として、個々人が社会の発展に何らかの役割を果たす姿勢が求められている。実行する機会の整備を社会、そして自分が創出する必要がある。

　人生60年時代の貨幣価値をベースにした姿勢は、富を求めて、夫は外で働き、妻は家庭を守り、子育てに専念する時代であった。

　SDGs時代は、多様性を求めて、ジェンダー平等で、子供といえども能力を発揮するようになった。

　文化・スポーツ界では、幼児のころから鍛錬して、10代後半に世界一になっても違和感がなくなってきた。

　オリンピックと同様に、パラリンピックが注目を集め、障害者議員が、国会をバリアフリーにする時代である。

　医学の進歩により、多くの病気が克服されて、身体検査も年一回以上受ける時代になってきた。「年金受給開始時期まで働けばいい」という時代ではなくなってきている。

　『Life Shift100年時代』の人生戦略を著わした、リンダグラットン氏とアンドリュースコット氏が、「ロールモデルのない100年までの人生の環境が、どのように変わっていくか」を多くのデー

タをもとに解説している。

　特に共感するのは、多くの可能性を秘めた未来が待っているという点だ。OECD が発表した世界の平均寿命を見てみよう。

　それぞの時代を生き抜いた人たちが、寿命に対してどれほどの確実性を持っていただろう。

　医療や化学の発達と共に、表のすべての国が右肩上がりで寿命を延ばしている。下段の世界の平均寿命は 1000 年が 24 歳だったが、1999 年には 66 歳まで延びている。ところが、平均年齢以上の人たちにとって、生き方のロールモデルはいつの時代も限られている。

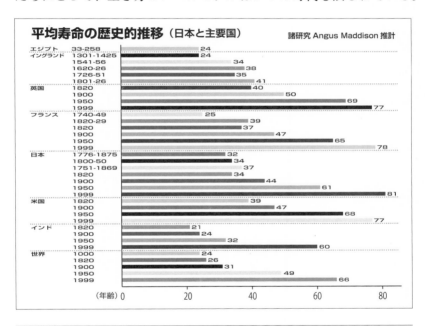

平均寿命の歴史的推移（日本と主要国）　　諸研究 Angus Maddison 推計

大航海時代に、未知の世界を求めて、多くの経験を糧に目的地に到達したコロンブスたちは、「平均寿命が何歳だから、それまではどのように生きるべきか」を考えていたのではない。夢と希望を持ち、入念に準備し、一日一日を精いっぱい航海していたことだろう。

　コロンブスは、波瀾万丈の生涯を54歳で終えている。

　表でみると、近隣のイングランドの当時の平均寿命は、30歳くらいである。少なくとも大志・不屈の闘志・健全な心身は誰よりも持っていたと想像する。

　日本では、幕末から明治を生きたジョン万次郎が、当時の平均寿命が35歳ほどのころに、71歳まで生きている。

　14歳のころに漁に出て遭難。漂着から143日後、万次郎は仲間と共に、アメリカの捕鯨船ジョン・ハウランド号によって助けられて、日本人として初めてアメリカ本土へ足を踏み入れたといわれている。

　キャリア形成の過程で、多くの危険や困難なことに出会う一方で、目標を達成したときの達成感は格別のものがあり、その後のキャリアを大きく変える。

　時代は変わり、平均寿命が80代に突入し、2020年9月の時点で、100歳以上の人口も推定約8万人を超える時代になってきた。

　約1億2000万人の人口の中で、わずか0.06％、約1,500人に1

人ということになる。

　「人生100年時代をどう生きるか」ということを、これからの人たちは大航海時代のパイオニアたちも参考にして、キャリアデザインを考えなければならない。

　すでに8万人もの先人たちが、100歳を超えてライフキャリアを築き続けている。寿命とキャリアの相関関係の中で、「何ができるのか」を考えるよい参考になるだろう。

　その先人たちの**生きることの哲学**を参考にして、夢と目標を持ち、自分独自のライフキャリアをデザインし、実行することを考えると、興奮を覚える。

　高度な技術や、社会的影響力のある企業・組織は、それぞれの立場で社会をリードしている。

　SDGsの価値の追求を実行する中で、**ESG投資価値（環境・社会・企業統治）** のある企業・組織を、後世に残す義務がある。

　SDGs社会全体では、さらに**経済的・社会的・環境的価値**を追求しながら、自立した個人として、ライフキャリアをデザインすることが求められている。

　過去のキャリアで蓄積した、かけがえのないキャリア資産を棚卸しして、この後の100歳までの人生をどう生きるかを考える。

　キャリア資産にも、企業資産同様に、**有形資産**と**無形資産**の2通

りが考えられる。

　有形は、過去の物理的業績を表す「卒業証書」「表彰状」「資格証」「組織での地位」などがあるが、大切なのが有形資産を獲得するまでの過程で培った無形資産、すなわち**精神的資産**である。

　経済産業省発「人生 100 年時代の社会人基礎力」で図解されているように、とりわけ「目的」を持ち、「自己資産を結集」し、「学び続けること」の 3 視点が大切である。そして一貫して必要となるのが「振り返り」と、振り返りを通じて獲得した「無形資産の気づき」である。

　自身のキャリア資産で、有形資産と無形資産は、表裏一体のコインのような存在である。無形資産の方は気づかないことが多いが、キャリア形成の主軸となるものである。

　例えば、卒業証書の裏には、自身の精神的成長という無形資産がある。成長過程での「気づき」こそが、無形資産であり、後々のキャリア形成の元になる。

　まずは、コインの表となる有形資産を整理してから、裏の無形資産を整理しよう。

　人生 100 年時代の、3 つの社会人基礎力（**前に踏み出す力・考え抜く力・チームで働く力**）と、12 の能力要素（**主体性・働きかける力・実行力・課題発見力・計画力・想像力・発信力・傾聴力・**

---

4) https://www.meti.go.jp/policy/kisoryoku/

柔軟性・状況把握力・規律性・ストレスコントロール力）をいかん
なく発揮してほしい。

　コインの裏表を整理し、磨くことによって、100年時代に向けて
新しい視点から目標を立てることができる。

　キャリア形成の視界をはっきりさせることができると、目標に向
かって道が見えてくる。

　新しい3価値観（経済・環境・社会）に向かい、IoT（Internet
of Things）が支えるSDGs時代は、個人のネットワーク、インター
ネット、人材エージェント、ハローワークなど、多くの就労機関で
の新たなマッチングが期待できる。

　SDGs17目標達成を目指す惑星地球号で生きる地球人として人
生100年時代のライフキャリアデザインを充実させて生き抜く時
代が来ている。

キャリアデザインの期間

　「人生100年時代だから、キャリアデザインは100歳まで考えれ
ばいいのでは？」

　と思うのは、非現実的である。

　その昔、江戸から京都までの間を、普通の飛脚で1週間、特別
飛脚で2日間かかったといわれている。情報伝達のために、約
500kmの距離をつなぐのに、2日間もかかったのである。

それが電子時代に入り、どんどん加速されて、今や世界中で瞬時に情報伝達できるようになった。

　物事を考え、育む時間が短くなってきているのだ。

　携帯電話も 5G（5th Generation）の時代になり、瞬時に考え、瞬時に行動、という傾向は増々早まる。

　また、職業キャリアとして**アメリカ大統領**を考えても、その任期は 4 年で、2 期続いてもせいぜい 8 年である。

　企業の役職もしかりである。その短い期間に、どう結果を出すかが問われているため、キャリアデザインの期間は、5 年を区切りで考えるようにしよう。これは、「ある程度はっきりとした目標を持つことができる期間である」である。

　年齢にもよるが、その先は「夢」という位置づけにしよう。

　とりあえず、一日 24 時間の過ごし方を自分でデザインし、5 年間で到達する目標を立ててみよう。

　登山の時のように、目標地点まで登ると、全く違う世界が眺望できるだろう。そして、やがて「夢」が、現実の目標になる可能性もある。

　マレーシアのマハティール氏は、一度首長の立場を退いたが、再任されて 93 歳まで首相を務めた。

　目標を持ち、心身の健康を維持し、一日 24 時間をバランスよく過ごせば、不可能と考える職業キャリアも可能になってくる。

2015 ～ 2030 年の 5 年間を一期間とする、ライフキャリアデザインの枠組みを考えてみよう。

① キャリアの主軸となる、主・副職業（就学）の 5 年間目標を立てる。
② その目標が、SDGs17 目標のどれに属するか（複数可）に分類する。
③ 1 ～ 2 年ごとの年間目標、数カ月の月間目標、数週間の週間目標を立てる。
④ 一日にどれだけの時間を費やすかを決める。

　以上を 3 要素（余暇・食事・睡眠）とのバランスを考えながら、デザインしてみるのである。

　SDGs 社会を意識して生活することで、SDGs Award の応募の機会に遭遇したり、自分が SDGs Award を起案することになるかもしれない。行動の基盤に、つねに SDGs を念頭に置くようにしよう。

　SDGs を反映したキャリア形成を考えるときには、鳥の目で俯瞰することになるだろう。

　目の前周囲だけを見ている蟻の目では、至近距離だけを観察することになり、時に目標を見失うことがある。

　鳥の目で遠くを眺めることを怠らずに、「Plan」「Do」「Check」

「Act」を定期的に繰り返し、修正しながら、5年後の目標を達成させる。

　日々の生活の中で、気づきを得る最良の手段の一つに、**複数年日記**がある。

　筆者は、「**3年日記**」を10年以上書いている。

　B5サイズのノートに、一ページを3段（3分割）にして、ページのトップに「○月○日」と表記する。

　1年目は1段目に、2年目には2段目に、3年目は3段目に記録をしていく。つまり、一ページに同日の3年間の記録が残り、キャリアの進捗状況が一目瞭然となる。

　目標達成が5年後ならば、A4サイズのノートで、1ページを5段（5分割）にして使用することをお勧めする。

　SDGs17目標達成を目指しながら、惑星地球号で生きる地球人として、人生100年時代のライフキャリアデザインを充実させて、生き抜く時代がすでに来ている。

まず第一歩を踏み出す

　「2本のレールの上をSDGs列

■3年日記の例

車が走る」

　1本のレールは自分、もう1本は組織のことを意味する。まずは、自分が一番興味のあることを考えてみる。著者の場合は加齢・健康などである。万歩計で一カ月の歩数をチェックしたら大体250,000歩前後歩いているのが分かった。それで一日10,000歩、一カ月300,000歩を目標にウオーキングしている。

　これはSDGs第3目標の健康と福祉の活動の第一歩であり、2本のレールの1本と数える。そしてこのような目標を持つ仲間に声をかけて、5人くらいのグループを作る。

　もう1本のレールは、これを**SDGs活動**として承認する組織である。組織は市役所や街のジムでもいいが、組織がSDGs参加を宣言する必要がある。市役所健康促進課・○○ジムなどがSDGs参加を宣言すれば、組織が承認するSDGs活動になる。

　この2本目のレールができたら、当該組織と共に2本のレールを延長拡大していく。

　SDGsはそもそも、ボトムアップで集約されたものだから、日常の生活のすべてが17のいずれかの目標に当てはまる。

　このように自分のしたいことを見つけて、進歩・改善度合いが分かるようにBefore Afterを数量化すると、活動成果がはっきりして、組織が発展する時に説得力が増すことになる。

「１本目のレール：興味のある日常活動　→　Before After で成果を実証」　→　「２本目のレール：組織への働きかけ　→　組織が承認　→　活動が拡大」

　１本目のレールは生活改善・新しい習慣等で自分がすぐに始めることができる。２本目のレールは市役所・ジム等に知見のある仲間に頼ると承認が早まる。グループが誕生して一人よりも影響力が増すことになる。

　このような２本のレールを他の目標でも増設し仲間を増やすことにより2030年には、惑星地球号の全地域が、SDGsレールで結ばれて健全な運航を維持して持続成長する。

惑星 SDGs地球号は
どこへ行くのか？

この本はこれでひとまず終わりだが、われわれのSDGs活動はこれから始まる。これで終わりではなく、行動開始でその一歩を踏み出す序章とする。

　世界193カ国が、SDGs17目標の2030年達成を目指して、活動を活発化している。約74億の民を乗せたSDGs惑星地球号は、着実に運航しているが、今後も自然災害などの多くの試練が待ち受けている。
　地球全体を危険にさらす、新型コロナウイルスのような障害に対して、われわれは他国の収束を願い、自国を守るために、立ち向かい、克服しながら、持続可能で発展するSDGs惑星地球号の中で、生存を続けている。世界のあちらこちらで相次ぐ気候変動を危惧しながら、日々の生活維持・向上を心がけている。
　幸いにして、生きながらえてきたわれわれは、鳥の目で世の動きを俯瞰し、「SDGs17の課題」を克服して、惑星地球号の安定運航に貢献して生きていく責任がある。その生きる姿勢こそが、子孫へ継承され、また、発展途上国の人々にとってあるべき社会のモデルとなる。

　世界が持続発展するために、世界中で起きている社会的不都合を横目で見ている時代は終わった。SDGs時代を認識して、2030年を目指して、日常生活の中でアクションを必要としている。
　SDGsの17目標一つひとつに対して、世界をリードする実績を上げる時がきている。

エズラ・ヴォーゲル氏が、1979 年に著わした『Japan as Number One：Lessons for America（ジャパン アズ ナンバーワン：アメリカへの教訓、広中和歌子・木本彰子訳』は、日本が戦後復興から経済的に立ち直った、日本のパワーを象徴している。このような世界に類を見ないパワーを支えたのは、他国に類を見ない、科学的進歩を実業の世界で具現化した国民の力である。

その後 50 年経った今も、日本は世界をリードする大国の一つである。SDGs 惑星地球号は、政治・経済・科学 etc. の分野でのリーダーシップと合わせて、「誰一人残さない進化」を遂げる必要がある。

それは、人生 100 年時代を生き抜く社会人基礎力を支える『おもてなし』に代表される日本の文化であると考える。

惑星 SDGs 地球号の進化は、今や日進月歩どころか、まさに秒進分歩の速さで進みつつある。

以前ならいろいろな問題や、課題解決のために、図書館で資料を探していたが、今では多くの問題に AI が即答してくれる。

ソサイエティ 5.0 の時代を生き抜くためには、時代の速い変化、時の速い経過を理解して、柔軟に対応する新しい自分を作り上げていく姿勢が必要となり、日々試されている。

IoT（Internet of Things）は、一部の専門家の世界ではなく、一般人が馴染み、利用し、自立の手段として、駆使する必要がある時代が到来した。

新型コロナウイルスの広域感染下にあって、仕事・学業だけでなく、公私にわたって、学び・情報交換・共有の大切さを実感し、AIに習熟することが「待ったなし」となった。

　老若男女を問わず、ソサイエティ5.0世界に自立して生きようとする環境が、どんどん整備されてきている。

　新世界の訪れを歓迎し、参加する意欲は、「気づき」から生じる。

　今までは、物事を決める過程で、多くの会議を経ていたのが、テレワークを通じて簡素化され、会議に参加するための物理的移動も減少した。

　商品・サービスの提供者が、提供方法をより高度化し、ユーザーが使用することで改善点が顕在化し、IoT環境が進化する。

　価値観も、コロナ禍を克服するSDGsを基盤とする時代の今では、経済的価値観だけでなく、社会的価値観・環境的価値観を充足して生き抜く時代が到来した。

　3つの価値観の比率は、必ずしも均等ではない。年齢・性別・家族構成・困窮度合いなど、たくさんの構成要素がある。

　これからは、経済的価値・社会的価値・環境的価値の比率を意識して、生計を営む必要がある。

　一日の時間配分でいえば、「睡眠8時間」「就労・就学8時間」「余暇8時間」の中に、「健康を意識する時間」「環境衛生に配慮する時間」など、起きている時間の思考過程や、意思決定に、経済的価値に加えて、「社会的・環境的価値」を組み入れる必要がある。

　この変化を意識して自己改革することにより、SDGs時代の社会の流

れに乗って、ストレスが軽減されて、多様性のある思考力が養われる。

そして、持続発展する社会の一員となり、生きがいのあるライフキャリアへとつながる。

現代社会は、思考・行動の多面性が必要となっている。

課題に対して、従来の解決方法だけではなく、先を見越した多くの視点・切り口から「解」を見つけ出す努力が必要とされる。

「日進月歩」ならぬ、「秒進分歩」でイノベーションが進み、AIに「解」を求め、IoTでつながり、ロボットが物理的動きを軽減してくれる。

そんな「ソサイエティ5.0」社会で、充実したキャリア展開が送ることができるように期待したい。

本書を通じて、人生100年時代を視野に入れた「SDGs時代の到来」をお伝えした。対象者は、惑星SDGs地球号に乗船する老若男女全員である。2030年にSDGs達成が成就される頃には、新たな社会感ができて、再生された地球号が運航していることだろう。

新たな時代にも、「SDGs時代に培う社会的課題を自分事として創造力を働かせながら、主体的に考え解決に努める姿勢」を共有する皆さまと協働して、社会の持続する発展に貢献して生きたい。

本書の出版にあたり、お世話になった知道出版編集長の奥村禎寛氏、武蔵野大学出版会の斎藤晃氏、その他の皆さま方に感謝申し上げます。

巻末付録

【1】Society 5.0（内閣府の『第5期科学技術基本計画』）

　Society 5.0 とは、AI や IoT、ロボット、ビッグデータなどの革新技術をあらゆる産業や社会に取り入れることによりする実現する新たな未来社会の姿。狩猟社会（Society 1.0）、農耕社会（Society 2.0）、工業社会（Society 3.0）、情報社会（Society 4.0）に続く、人類社会発展の歴史における5番目の新しい社会の姿とも言える。

　この未来社会では、健康・医療、農業・食料、環境・気候変動、エネルギー、安全・防災、人やジェンダーの平等などの様々な社会的課題の解決とともに、国や人種、年齢、性別を越えて必要な人に、必要なモノ・サービスが、必要なだけ届く快適な暮らしが実現する。

　これは決して AI やロボットに支配され、監視される未来ではない。また、一部の先進国だけが成果を享受する社会でもない。世界のあらゆるところで実現でき、誰もが快適で活力に満ちた質の高い生活を送ることができる新たな人間中心の社会である。

　出展：KeidanrenSDGs

　（https://www.keidanrensdgs.com/society-5-0-jp）

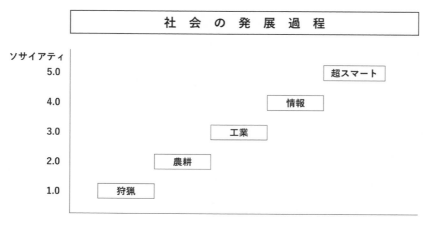

社　会　の　発　展　過　程

【2】 ［Award 例］

表彰状

○○○○殿

あなたは○○市が実施する SDGs アワードにおいて
創造力・リーダーシップを発揮されて、
市民の模範になる成果を収められました。
よって、その成果を讃え永く市民活動の模範として
副賞を添えて表彰します。

20 ○○年（令和○年） ○月○日

○○市市長
○○○○

●●市賞

【参考資料】

● 「小さな地球の大きな世界」プラネタリー・バウンダリーと持続可能な開発
　J. ロックストローム、M. クルム著、武内和彦、石井菜穂子監修
　（丸善出版株式会社）

● 「SDGs が地方を救う」なぜ "水・食・電気" が地域を活性化させるのか
　米谷仁、生田尚之著　（株式会社プレジデント社）

● 「SDGs とまちづくり」持続可能な地域と学びづくり
　田中治彦、枝廣淳子、久保田崇　編著　（株式会社学文社）

● 「SDGs と開発教育」持続可能な開発目標のための学び
　田中治彦、三宅隆史、湯本浩之　編著　（株式会社学文社）

● 「持続可能な地域のつくり方」未来を育む "人と経済の生態系" のデザイン
　筧裕介　著　（英治出版株式会社）

● 「SDGs の実践」持続可能な地域社会の実現に向けて、自治体・地域活性化編
　村上周三、遠藤健太郎、藤野純一、佐藤真久、馬奈木俊介　著
　（事業構想大学院大学 出版部）

● 「SDGs の基礎」なぜ、"新事業の開発" や "企業価値の向上" につながるのか？
　沖大幹、小野田真二、黒田かをり、笹谷秀光、佐藤真久、吉田哲郎　著
　（事業構想大学院大学 出版部）

● 「環境会議 2018 秋」"地域特性でつくる日本型 SDGs"
　（事業構想大学院大学 出版部）

● 「未来を変える目標　SDGs アイデアブック」
　一般社団法人 Think the Earth　編著　蟹江憲史　監修　（株式会社紀伊國屋書店）

● 「持続可能な地域社会のデザイン」生存とアメニティの公共空間
　植田和弘、森田朗、大西隆、神野直彦、苅谷剛彦、大沢真理　編

（株式会社 有斐閣）

- 「マンガでわかる SDGs」明日を目指す企業に明るい未来を約束する SDGs 入門書
  SDGs ビジネス総合研究所　経営戦略会議　監修
  （株式会社 PHP エディターズ・グループ）

- 「SDGs が問いかける経営の未来」"産業革命" と "経営革命" に同時に向き合う
  モニターデロイト　編　（日本経済新聞出版社）
- 「Q&A　SDGs 経営」なぜ必要か？どう実行するか？経営目線でズバリ解説！
  笹谷秀光　著　（日本経済出版社）

- 「SDGs、ESG　社会を良くする投資」
  高橋則広、池田賢志　著　（日本経済新聞社）

- 「SDGs 入門」村上芽、渡辺珠子　著　（日本経済新聞社出版社）

- 「SDGs ビジネス戦略」企業と社会が共発展を遂げるための指南書
  ピーター D. ピーダーセン、竹林征雄　編著　（日刊工業新聞社）

- 「2030 年の世界地図帳」世界はすでに "新しいルール" で動きはじめた
  落合陽一　著　（SB クリエイティブ株式会社）

- 「表彰制度」　会社を変える最強のモチベーション戦略
  太田肇　著　日本表彰研究所　（東洋経済新報社）

- 「ローカルベンチャー」地域にはビジネスの可能性があふれている
  牧大介　著　（株式会社木楽舎）

- 「ふるさと創生　北海道上士幌町のキセキ」
  黒井克行　著　（株式会社木楽舎）

- 「持続可能な社会をめざす 8 人のライフスタイル」
  名倉幸次郎　著　（株式会社白水社）

- 「パーマカルチャー」自給自立の農的暮らしに
  パーマカルチャー・センター・ジャパン編　（株式会社創森社）

- 「パーマカルチャー事始め」
  臼井健二、臼井朋子　著　（株式会社創森社）

- 「パーマカルチャー」農的暮らしの永久デザイン
  ビル・モリソン／レニー・ミア・スレイ　著　田口恒夫／小祝慶子　訳
  （一般社団法人 農産魚村文化協会）

- 「URBAN PERMACULTURE GUIDE」都会からはじまる新しい生き方デザイン
  ソーヤー海　監修　（株式会社エムエム・ブックス）

著者紹介
土井隆司（どい・たかし）

◆ 2021年2月現在71歳、7人家族：妻・子二人とその嫁一人・孫二人。
◆ 兵庫県伊丹市出身、千葉県浦安市舞浜在住
◆ 1973年立命館大学経営学部卒、
　1977年米国ジョージア工科大学大学院修士課程修了。

【職歴】
　◎ 約25年間
　コカ・コーラシステムに従事、グループ会社責任者を最後に退職。
　◎ 約10年間
　・シニア産業カウンセラー・キャリアコンサルタント資格取得し、メンタル/キャリアカウンセラー、日本DBM社、BLJapan社、コトラ社に従事。
　・EBRD（欧州復興開発銀行）経営コンサルタント。
　◎ 約10年間
　・3大学で非常勤教員/カウンセラー（東洋、千葉商科、立命館アジア太平洋の各大学）。
　・武蔵野大学グローバル学部で常勤教員後、2020年3月に定年退職。4月より同大学しあわせ研究所研究員。

【著書】
　「成功！キャリアデザイン」「SDGs実践報告と提案」等

SDGs大国ニッポンになろう！

2021年2月1日　初版第1刷発行

著　者　土井隆司

発行者　鎌田順雄

発行所　知道出版

〒101-0051　東京都千代田区神田神保町　1-7-3　三光堂ビル4F

TEL 03-5282-3185 FAX 03-5282-3186

http://www.chido.co.jp

印　刷　モリモト印刷 株式会社

ISBN978-4-88664-340-7　C0036

◎本文写真：土井隆司